CAPELLANUS / SPRECHEN SIE LATEINISCH?

Georg Capellanus

SPRECHEN SIE LATEINISCH?

Moderne Konversation
in lateinischer Sprache

*Siebzehnte Auflage.
Mit 18 Abbildungen*

DÜMMLER

Dümmlerbuch 4705

DÜMMLERS Sprachspielereien

Deutsch	H. WEIS: **Spiel mit Worten** Deutsche Sprachspielereien. 6. Auflage. 1985. 171 Seiten. Illustriert. Kartoniert. (4708)
Englisch	A. SCHOENE: **Englische Wortspiele und Sprachscherze** 2. Auflage. 1977. Mit 49 Illustrationen von Edward Lear. 151 Seiten. Kartoniert. Dümmlerbuch 4521
Französisch	H. WEIS: **Heiteres Französisch** Zur Kulturgeschichte des französischen Wortspiels. 3. Auflage. 1985. 106 S. mit 28 Vignetten. Leinen. (4709)
	W. MESSMER: **Französischer Sprachhumor** 2. Auflage. 1985. 100 S. mit 17 Vignetten. Kartoniert. (4710)
Latein	H. WEIS: **Bella Bulla** Zweitausend lateinische Sprachspielereien. 8. Auflage. 1994. 202 S. Kartoniert. (Dümmlerbuch 4701)

Kunstlexikon	H. LÜTZELER: **Bildwörterbuch der Kunst.** 4. Auflage. 1989. 448 Seiten. 3232 Sprichwörter mit 1240 Zeichnungen von L. Siering. Kartoniert. (Dümmlerbuch 8501)
Reiseführer/ Landeskunde	W. SCHUTZBACH: **Island. Feuerinsel am Polarkreis** 3., völlig neue und erw. Aufl. 1985. 344 S. davon 272 Text- u. 72 Fotoseiten, Großformat: 21 x 28 cm. Zweispaltiger Satz. 270 Abb. davon 138 z. T. farbige Fotos, 86 Karten, 46 Skizzen u. Zeichnungen. Kartoniert. (Dümmlerbuch 8861)

Dümmler ist ein Verlag der Stam GmbH.

ISBN 3-427-**47057**-1

© Copyright 1999: Verlag H. Stam GmbH · Köln

Das Werk und seine Teile sind urheberrechtlich geschützt. Jede Verwertung in anderen als den gesetzlich zugelassenen Fällen bedarf deshalb der vorherigen schriftlichen Einwilligung des Verlages.

Aus dem Vorwort zur zehnten Auflage

Hinter dem Decknamen CAPELLANUS verbirgt sich ein seit Jahren verstorbener sächsischer Schulmann namens JOHNSON, einst Professor am Gymnasium in Plauen im Vogtland, der später den Schuldienst aufgibt, um Schriftleiter des Vogtländischen Anzeigers zu werden.

Beide Bändchen haben buchhändlerisch einen guten Erfolg; sie erscheinen in immer neuen Auflagen. Sicherlich verdanken sie ihre große Beliebtheit zum guten Teile ihrem gemütlich-harmlosen Humor; sieht man doch mit schmunzelndem Staunen modernste Ausdrücke, etwa *„Münchner Allgemeine Zeitung"*, *„Walzer, Polka"*, *„Prost! Ich komme dir einen Halben"* in dem sog. klassischen, also etwas als steif-feierlich empfundenen antiken Gewande. Dazu kommt die Bewunderung der Sprachkenntnis und des Sprachgeschicks, womit die Aufgabe durchgeführt ist.

HANS LAMER

Zur elften Auflage

Das Büchlein erfreut sich weiterhin der Gunst seiner Leser. Darüber hinaus beginnt es sich die Schule zu erobern. So findet sich in einem modernen Lateinlehrbuch der Abschnitt über das *Kegeln*, in einem anderen das neue Kapitel *Recentissima*; ein Gymnasium, in dem man auf Lateinsprechen noch Wert legt, hat den Capellanus sogar als Lehrbuch eingeführt. Das Bändchen erschien auch in einer englischen, jetzt allerdings vergriffenen Übersetzung.

HANS LAMER

Zur dreizehnten Auflage

Seit Jahren war das in den letzten Auflagen zuerst von Prof. Dr. H. LAMER, später von Prof. Dr. G. MERTEN besorgte Büchlein vergriffen. Immer dringender wurde nach dem so beliebten CAPELLANUS gefragt.

Da heute in der Bundesrepublik in fast allen Jungen- und Mädchengymnasien Latein gelehrt wird, dürfte der Leserkreis des CAPELLANUS größer sein als je zuvor. Früher waren es außer den Lateinlehrern, die einzelne Abschnitte des Büchleins gern zur Auflockerung des Unterrichts benutzten, auch ältere Semester, die in Erinnerung an einstige Unterrichtsstunden die Verbindung mit der alten Sprache in bequemer Weise wieder aufnehmen wollten, andererseits Primaner und Studenten, selbst solche, die das kleine oder große Latinum nachzumachen hatten. Auch jetzt soll CAPELLANUS beileibe kein anstrengendes Lehrbuch sein, sondern ein heiteres, hier und da mit Humor gewürztes Lesebuch, das moderne Stoffe in dieser so klaren Sprache darbietet, die zu wirklich quicklebendigem Leben erweckt werden kann.

Eine Vermehrung des Stoffes im Hinblick auf die wachsende Bedeutung des Sports und der modernen Technik lag nahe. Um den Umfang nicht zu sprengen, mußte der erste Teil, der die allgemeinen Redewendungen enthält, gekürzt werden, aber der zweite Teil, der in der vorigen Auflage den Titel „*Recentissima*" (das Neueste, Modernste) trug, konnte dafür reicher entfaltet werden. In ANTONIO BACCI's „*Lexicon eorum vocabulorum, quae difficilius latine redduntur*" (Rom-Vatikan, 4. Auflage 1963) stand mir ein wissenschaftlich präzises Wörterbuch zur Verfügung, das meinen Vorgängern noch fehlte. Bacci verdanken wir übrigens auch die Zeitschrift „*Latinitas*", die jetzt bereits im dreizehnten Jahrgang erscheint.

Wertvolle Aufsätze in lateinischer Sprache bieten auch die seit 1931 in Barcelona und seit 1964 in Saragossa von den Claretinern herausgegebenen Zeitschrift *Palästra Latina* und die in Avignon erscheinende Zeitschrift *Vita Latina*. In der Bundesrepublik kommt jetzt die *Vox Latina* im Info-Verlag München neu heraus. Außerdem gibt es die lateinische Schülerzeitschrift *Tiro* im Beacon-Verlag in Bad Dürkheim, der zugleich eine griechische Schülerzeitschrift Ἀλινδήθρα herausgibt.

Zugrunde liegt in Wortwahl und Satzbau das klassische Latein, wie es in der Schule gelehrt wird. Wo altlateinische Wörter nicht zur Verfügung standen, sind aus dem Griechischen stammende Lehnwörter verwendet, sofern sie schon im alten Rom gebraucht wurden; sonst Wörter aus der silbernen oder späteren Latinität und nur im Notfall aus altlateinischen Wörtern gebildete Ableitungen oder kurze Umschreibungen, meist im Anschluß an BACCI's Vorschläge. Im Satzbau ist mit Rücksicht auf den Leserkreis weniger auf elegante

Umschreibungen, meist in Anschluß an BACCI's Vorschläge. Im Satzbau ist mit Rücksicht auf den Leserkreis weniger auf elegante oder gar rhythmische Wortstellung, vielmehr auf größte Schlichtheit Wert gelegt. Möge der CAPELLANUS auch mit dieser 13. Auflage freundliche Aufnahme bei jung und alt finden.

Zu großem Dank bin ich P. DR. CAELESTIS EICHENSEER OSB in St. Ottilien für seine opferwillige Mitarbeit bei der Gestaltung des Textes und der Durchsicht der Druckbogen verpflichtet.

LUDWIG SPOHR

Zur vierzehnten bis siebzehnten Auflage

Die Nachfrage nach diesem heiteren Unterhaltungsbändchen hält unvermindert an. So wurde die vierzehnte bis siebzehnte Auflage weitgehend unverändert nachgedruckt.

Köln, Frühjahr 1999   Verlag

INHALTSVERZEICHNIS

Seite

I. Allgemeiner Teil

Lateinsprechen	15
Schönes Wetter	18
Schlechtes Wetter	19
Wieviel Uhr?	21
Rechtzeitig	23
Andere Zeitbestimmungen	24
Sie scherzen	25
Entrüstung	26
Begrüßung	28
Seltener Besuch	30
Entschuldigung	32
Was wünschen Sie?	33
Verabschiedung	34
Gute Wünsche	36
Bitten und Danken	37
Eine Gefälligkeit	38
Schuld daran	39
Verzeihung	41
Ein Mißgeschick	42
Frageformen	43
Bejahungen	45
Verneinungen	46
Einschaltungen	47
Wie alt?	48
Das Äußere	50
Wer sind die Leute?	52
In Schulden	53
Er ist tot	55
Warten	55

Seite

Kosten 56
Schreiben 58

II. Spezieller Teil
  A. Haus und Familie
    Nach Hause. Nicht zu Hause 60
    Aufstehen 62
    Morgentoilette 65
    Im Studierzimmer 66
    Radio und Fernsehen 69

  B. Essen und Trinken
    Das erste und zweite Frühstück 71
    Einladung zum Essen 75
    Zu Tische 76
    Die Suppe 78
    Der Wein 79
    Geflügel, Braten, Nachtisch 80

  C. In der Stadt
    Ein Spaziergang 82
    Begegnung 85
    Im Café 86
    Im Friseurgeschäft 88
    Ein Volksfest 89
    Vom Finanzamt zur Bank 91
    Auf dem Bahnhof 93
    Post und Telegraph 95

  D. Reisen, Fahren, Wandern
    Auf Reisen 97
    Die Sommerreise 100
    Im Schlafzimmer (Hotel) 101
    Mitten auf der Bundesstraße 102
    In der Reparaturwerkstatt 104

Seite

E. Gesundheit, Krankheit
   Wie geht's (körperlich, beruflich)? 105
   Übelsein 106
   Im Sprechzimmer eines Arztes 109
   Am Krankenbett 111
   Eine Operation 112

F. Sport und Spiel
   Billardspiel 114
   Kegelschieben 115
   Ein anderes Spiel 119
   Kartenspiel 120

   Sport
   a) Ballspiele 123
   b) Wassersport 126
   c) Leichtathletik 126
   d) Schwerathletik 127
   e) Rudersport 129
   f) Pferderennen 131
   g) Turnen 132
   h) Andere Sportarten 133
   i) Die Winterolympiade 135

G. Verschiedenes
   Die Atomkraft 138
   Die Eroberung der Luft 140
   Politisches 143
   Einiges aus dem wirtschaftlichen und sozialen
   Bereich 144

III. Anhang
   Geographische Namen
   a) Länder 147
   b) Städte 150

	Seite
c) Gewässer	155
d) Gebirge	156
Sprichwörtliches	157
Philosophische und juristische Sätze	164
Einige berühmte Stellen und Verse	169
Kuriositäten. Hübsche Verse	172

Zur Aussprache

1. Da im deutschen Sprachgebiet keine Übereinstimmung über die Aussprache des lateinischen c herrscht – auf den Universitäten und in vielen Schulen wird es wie im Altertum stets k gesprochen, in anderen Schulen wie z vor e und i – so halte es jeder beim Lesen, wie er es einst auf der Schule gelernt hat!

2. Mehrsilbige Wörter werden im Lateinischen auf der zweitletzten Silbe betont, wenn diese lang ist, sonst auf der drittletzten, falls sie vorhanden ist. Lang ist eine Silbe, die entweder einen langen Vokal hat oder auf mindestens zwei Konsonanten endigt; aber wenn von diesen zwei Konsonanten der zweite ein l oder r ist, bleibt eine Silbe mit kurzem Vokal auch kurz (Muta-cum-liquida-Regel), z. B. impetro mit dem Ton auf der drittletzten Silbe. Im Text ist bei nicht allgemein bekannten Wörtern mit langem Vokal in der zweitletzten Silbe ein Längenzeichen gesetzt, gelegentlich auch das Kürzezeichen, um jeden Zweifel auszuschließen.

Lateinsprechen

de latine loquendo

Sprechen Sie Lateinisch?

loquĕrisne lingua latina? (cf. Nepos, Milt. 3, 2).

Verstehen Sie Lateinisch?
Können Sie Lateinisch?
Ich verstehe es ein wenig.
So leidlich.
Nun, so wollen wir einmal Lateinisch miteinander sprechen.
Nun gut. Schön!
Ich möchte gern Lateinisch mit Ihnen sprechen, vorausgesetzt, daß Sie Zeit und Lust dazu haben.
Meinetwegen.
Verstehen Sie, was ich sage?
Ich verstehe kein Wort.

Sie sprechen so hastig, daß man nicht verstehen kann, was Sie sagen.
Wenn Sie langsam sprechen, verstehe ich alles.
Sie sprechen nicht laut genug.
Wie lange lernen Sie schon Latein?

Ich habe es schon vor einem Jahre angefangen.

scisne linguam latinam?
scisne latine?
haud multum scio.
sic satis.
age sīs (= si vis) latine colloquamur.

age sane.
studeo latine tecum loqui, si modo tibi est otium et si vis (cf. Cic. Part. orat. 1, 1).

fiat.
intellegisne, quod dico?
ego ne unum quidem verbum intellĕgo.
tam cito loquĕris, ut non possint intellĕgi verba tua.

quae tarde loquĕris, ea intellego omnia.
parum clare loquĕris.
ex quo tempore latine discis? (vel litteris latinis operam das?).

ante annum initium feci.

Warum lernen Sie es?	*quam ob rem id discis?*
Um lateinische Bücher lesen zu können	*ut libros latine scriptos legere possim.*
und um mit denen zu sprechen, die Lateinisch können.	*atque ut loquar cum iis, qui latine sciunt.*
Sie haben sehr gute Fortschritte gemacht.	*magnos fecisti progressus.*
Über Ihr Lob bin ich sehr erfreut.	*laude tua gaudio sum affectus magno.*

Sie müssen Latein sprechen, sooft Sie Gelegenheit dazu haben.	*latine te loqui oportet, quotienscumque occasio data erit.*
Ich denke nur, ich mache Fehler.	*at metuo, ne vitiose loquar.*
Sie sprechen ziemlich korrekt.	*satis recte loquĕris.*
Wie haben Sie es gelernt?	*quo pacto didicisti?*
Ich bin Autodidakt.	*sine magistro didici.*

Sie brauchen sich nicht zu fürchten.	*non est, cur metuas.*
Sie sprechen gut (sehr gut) Lateinisch.	*bene (pérběne) latine loquěris.*
Aus verschiedenen Gründen ist es der Mühe wert, Latein zu lernen.	*latine discere variīs ex causis operae pretium est.*
Aber wie steht es mit Ihnen?	*sed quid tu?*
Ich habe in der Schule Latein gelernt, aber keinen guten Unterricht gehabt.	*in schola latine didici, neque vero bona usus sum institutione.*
Ihre Ausdrucksweise ist fehlerhaft.	*vitiosus est sermo tuus.*
Sie sprechen Küchenlatein.	{ *sermo tuus (latinus) culīnam redŏlet.* *latinitate culinaria utĕris.*
Andererseits kann mein Bruder sehr viele neue(re) Sprachen.	*at frater meus plurimas scit linguas recenti o r e s.*
Er ist mit dem Französischen, Italienischen, Spanischen, Portugiesischen, Dänischen, Schwedischen, Holländischen und Englischen wohl vertraut.	*Francogallica, Italica, Hispanica, Lusitanica, Danica, Suetica, Hollandica, Anglica sunt ei notissimae.*
Auch Gotisch und Altdeutsch hat er studiert.	*etiam Gothicam et Theodiscam didicit.*
Sogar Sanskrit hat er noch dazu gelernt.	*quid, quod linguam sanscriticam addidicit?*

Schönes Wetter

de bona tempestate

Das Wetter ist heute sehr schön.	*sudum est hŏdie.*
Ja, es ist wirklich herrliches Wetter.	*est caelum mire serenum.*
Sehen Sie nur, wie verlockend es ist!	*vide, ut tempestas arrideat!* (Lucret. 2, 32) oder *vide blandos soles!* (Ov. F. 1, 157).
Es ist weder zu kalt, noch zu warm.	*neque frigus est neque aestus.*
Die Sonne scheint hell.	*caelum est splendidissimum.*
Nirgends ist ein Wölkchen zu sehen.	*nulla usquam nubecula conspicitur.*
Die Luft ist klar und trocken.	*caelum serenum est et siccum.*
Es ist ein wunderbarer Herbsttag.	*caelum autumnale mirum in modum serenum est.*
Ich habe große Lust auszugehen.	*in animo habeo exire domo.*
Wenn Sie Lust haben, spazieren zu gehen, so bin ich gern dabei.	*si deambulare libet, non recuso.*
Man muß entschieden die jetzige Witterung benutzen.	*plane videtur hoc utendum caelo.*
Die Witterung hat mich einige Tage vom Ausgehen abgehalten.	*caelum me aliquot dies a publico cohibuit.*
Wir sollten noch einige Freunde mitnehmen.	*asciscendi sunt nonnulli amici.*

Soll geschehen. Sagen Sie nur, wen Sie wünschen.	*fiet, modo (= dummodo) dicas, quos velis.*
Wie wäre es mit Hugo?	*quid, si Hugonem?*
Wenn Sie meinen, wollen wir ihn mitnehmen und noch Gustav hinzuholen.	*si videtur, eum asciscemus et Gustavum adiungemus.*

Schlechtes Wetter 　　de mala tempestate

Es ist w i r k l i c h ungeheuer heiß!	*e s t ingens aestus!*
K e i n Wunder, da es die Zeit der längsten Tage ist!	*nec mirum, cum sit solstitium aestivum!*
Wir wollen uns mit Hilfe der Jalousien gegen die Sonne schützen, wenn die Hitze lästig wird.	*volubilibus fenestrarum tegulis solem excludamus, si quid offendat aestus.*
Die Sonne sticht.	*sol urit.*
Der Himmel i s t umzogen.	*caelum nubibus obduc i t u r.*
Dunkle Wolken sind am Himmel.	*nubibus caelum obscuratur.*
Die Sonne ist weg. Die L u f t wird feucht.	*sol abiit. umēscit c a e l u m.*
Die Luft ist feucht und schwül.	*aer umĭdus est et crassus.*
Es sieht sehr regnerisch aus.	*caelum admŏdum pluvium videtur esse; pluvia impendet.*
Wir werden bald Regen haben.	*imbres immĭnent. imber instat.*
Ein Gewitter wird bald kommen.	*tempestas cooritur.*

Da ist der erste Regentropfen!	*en haec prima gutta imbris!*
Es regnet jetzt schon stärker.	*iam vehementius pluit; ruit imber.*
Der Regen hält an.	*imber tĕnet.*
Es gießt wie mit Kannen.	*urceatim pluit.*
Da blitzt es!	*iam fulgŭrat!*
Horch! Es donnert!	*tonat! audisne?*
Der Blitz hat eingeschlagen.	*cecĭdit fulmen.*
Er hat in einen Baum geschlagen.	*arborem fulmen tetigit.*

Der Regen läßt nach.	*imber remittit.*
Das Gewitter ist vorüber.	*tempestas abiit.*
Der Wind dreht sich nach West (Südwest, Nordwest, Norden, Osten, Süden).	*ventus se vertit in favonium (Africum, caurum, aquilonem, eurum, austrum).*
Der Wind hat sich gelegt.	*ventus cecĭdit (vel cessavit).*
Die Sonne scheint wieder.	*denuo nunc sol est.*
Da steht ein Regenbogen.	*videsne arcum caelestem?*

Wir bekommen gutes Wetter zu unserer Reise.	*tempestatem idoneam nanciscemur ad iter faciendum.*
Die amtlichen Wettervoraussagen sind meistens falsch.	*tempestatis futurae praedictiones publicae plerumque falsae sunt — non vero comprobantur eventu.*

Wieviel Uhr? **quota hora?**

Wieviel Uhr ist es?	*hora quota est?*
Wie spät ist es?	*quid horae est?*
Um drei.	*tertia (nomin.)*
Es ist zwei Uhr.	*secunda (hora) est.*
Es ist zehn Minuten nach zwei.	*decem minūtae nunc sunt post secundam.*
Es ist zwei Minuten vor neun Uhr.	*duae minūtae nunc sunt ante nonam.*
Es hat wohl noch nicht fünf geschlagen.	*nondum quinta sonuit, credo.*
O nein, es ist längst vorüber.	*immo iamdudum praeteriit.*
Es ist bald sechs.	*haud longe sexta abest.*
Es wird gleich sechs schlagen.	*instat hora sexta.*
Du wirst es bald sechs schlagen hören.	*mox sextam audies.*
Um welche Zeit wollen Sie mich abholen?	*ad* (von künftiger Zeit!) *quam horam me abdūces?*
Um zehn, ehe die Sonnenhitze zu groß wird.	*ad decimam, priusquam invalescat aestus solis.*
Ich will daran denken.	*curabitur.*
Wie viele Minuten fehlen noch bis drei Uhr?	*quot minūtis nunc abest hora tertia?*

Es fehlen noch fünf Sekunden.	quinque punctis.
Haben Sie eine Uhr (Taschenuhr) bei sich?	habesne horologium (hor. portabile)?
Ja. Ich trage immer eine Uhr bei mir.	habeo. semper enim horologium mecum porto.
Geht sie richtig?	rectēne metītur?
Ja, sie geht genau.	rectissime, ut nihil supra.
Meine Uhr geht immer nach.	at meum horologium solet retardari.
Ich vergesse sie aufzuziehen.	intendere obliviscor.
Ich stelle meine Uhr jeden Tag nach der Zeitansage im Radio.	ita cottidie horologium meum ordĭno, ut cum horologio radiophonico congruat.
Können Sie mir die richtige Uhrzeit sagen?	poterisne, quo momento temporis simus, pro certo dicere?
Es ist gerade ein Viertel nach zwei.	secunda nunc ipsum est et quadrans.
Dann habe ich noch fünfzehn Minuten Zeit.	etiamnunc igitur mihi vacat per quindecim minutas.
Wir essen nicht vor acht Uhr, manchmal sogar nicht vor neun Uhr.	non cenamus ante octavam a meridie horam, nonnunquam nonam.
Ich muß halb drei Uhr nach Hause.	domum mihi abeundum est secunda hora et dimidia.
Hören Sie, die Uhr schlägt eben.	audisne horam nunc ipsum?
Haben Sie es nicht schlagen hören?	nonne campānae vocem audivisti?
Die Glocke hat zwölf geschlagen.	hora duodecima audita est.
Ich glaube, Ihre Uhr geht vor.	currit ocius, credo, horologium tuum.

| Meine Uhr s t e h t (= ist stehen geblieben); sie ist abgelaufen. | *substitit horologium meum; cursus enim suos absolvit.* |

Rechtzeitig

in tempore

Da könnt ihr lange warten, bis dies geschieht.	*ad kalendas Graecas id fiet*[1]).
Die Verhältnisse gestatten es nicht.	*res non sinit.*
Es ist immer noch Zeit dazu.	*etiamnunc tempus est.*
Jetzt habe ich keine Zeit (kann ich nicht abkommen).	*in praesentia non est otium. nunc mihi haud vacat.*
Warum rennst du so, Hans?	*cur tantopere curris, Iohannes?*
Wenn ich nicht z u r r e c h - t e n Z e i t komme, bekomme ich Prügel.	*quia, nisi adfuero in t e m - p o r e, actum erit de pelle mea.*
In dieser Beziehung hast du nichts zu fürchten.	*hac quidem ex parte nihil est periculi.*
Es ist kaum erst sieben vorbei.	*modo praeteriit septima.*
Sieh nach der Uhr, der Zeiger steht noch nicht auf halb.	*inspice horologium, gnomon nondūm attigit horam mediam.*
Aber die Uhren gehen manchmal falsch.	*at horologia mentiuntur nonnunquam.*
Die meinige geht richtig.	*meum non mentītur.*
Wir kommen noch z e i t i g g e n u g.	*t e m p o r i (t e m p e r i) veniemus.*

[1]) Da es bei den Griechen keine *Kalender* gab, bedeutet *ad kalendas Graecas* so viel wie niemals (bei den Römern beliebte Redewendung).

Wir kommen zu spät.	*serius venīmus.*
Etwas – beträchtlich zu spät.	*paulo serius – serius aliquanto.*

Andere Zeitbestimmungen   de temporibus aliis

Wie viele Jahre ist dies h e r ?	*quot sunt anni?*
Jahre? Es sind kaum zehn Monate!	*quot anni? vix decem sunt menses!*
Es ist noch kein volles Jahr her seit der Hochzeit.	*nondum annus expletus est a nuptiis.*
Es ist kaum d r e i Monate her.	*nondum q u a r t u s (ab ea re) mensis est.*
Es ist schon hell.	*iam lucet.*
Es wird Abend.	*vesperascit.*
Warum gehst du so früh (morgens) aus?	*cur tam mane egrederis?*
Ganz früh (morgens).	*bene mane. multo mane.*
Heute früh, morgen früh, gestern früh.	*hodie mane, cras mane, heri mane.*
Am andern Morgen.	*mane postridie · postridie mane.*
So spät (abends, aber vor der Nacht) kommen Sie nach Hause?	*tam vesperi domum reverteris?*
Sehr spät abends.	*pervesperi.*
Gestern abend.	*heri vesperi.*
Er ist l a n g e genug dort gewesen.	*s a t i s i a m ibi fuit.*
Vorgestern, übermorgen, übers Jahr.	*nudius tertius, perendie, ad annum.*

Heute vor zwanzig Jahren.	{ *abhinc viginti annos (vel annis).* *ante (hos) viginti annos.*
Stündlich, täglich, wöchentlich, monatlich, jährlich zweimal.	*bis in hora, in die, in hebdomäde, in mense, in anno.*
In den letzten (letztverflossenen) drei Jahren.	*proximo triennio.*
Die Tage der Woche:	*dies Solis, Lunae, Martis, Mercurii, Iovis, Veneris, Saturni.*
Am ersten Osterfeiertag.	*primis Paschalibus.*
Zu Pfingsten.	*diebus Pentecostalibus.*
Zu Weihnachten.	*die natali Christi.*
In den Sommerferien, Osterferien, Herbstferien.	*feriis aestivis, paschalibus, autumnalibus.*
Am Volksfeiertag.	*die nationis; die populi.*
Am Tag der Arbeit.	*die Laboris.*

Sie scherzen!   iocose dicta

Ist Jodocus (Jobst, Jost) zu Hause?	*Iodŏcus estne domi?*
Ich weiß nicht gewiß; ich will einmal nachsehen.	*incertus sum; sed visam.*
Danke; ich geh lieber selbst hin und frag ihn selbst, ob er jetzt zu Hause zu sein wünscht.	*benigne; potius ipse ibo et rogabo ipsum, velitne nunc esse domi.*
Ich geh lieber selbst hin und bin mein eigener Bote.	*ibo ipse potius, ut sim ipse mihi Mercurius.*
He, Jobst, bist du zu Hause?	*heus, Iodŏce, esne domi?*

Nein!	non sum!
So eine Unverschämtheit! Ich höre dich doch sprechen!	impŭdens, nonne ego audio te loquentem?
Du bist noch viel unverschämter! Neulich habe ich deinem Dienstmädchen geglaubt, daß du nicht zu Hause seist, und du willst mir selber nicht glauben?	immo tu impudentior. nuper ancillae tuae credidi te non esse domi, nunc tu non credis mihi ipsi?
Geh, du machst es wie gewöhnlich.	age, tuo more facis.
Sie machen sich jetzt nur lustig über mich.	nunc ludis tu quidem me.
Ich merke Ihre Stichelei wohl!	non me fallit ista cavillatio!
Das kann nur Scherz von Ihnen séin.	nunc plane ioco mecum agis.
Sie spotten über mich.	sum tibi risui (vel rideor a te).
Ich sage n u r, was ich wirklich denke.	loquor id, quod sentio.
So wahr ich lebe! Es ist so!	{ dispeream, si quid fingo. ne vivam, si quid simulo.
Ich spreche im Ernst.	{ bona fide loquor. non secus sentio ac loquor.

Entrüstung — de verbis indignantis

Scher dich zum Henker!	abi in malam rem!
Ich möchte am liebsten gleich zuschlagen!	vix tempero manibus.
Das sieht Ihnen wieder ganz ähnlich! (vgl. S. 62).	ut semper tui similis es!

Das fuchst dich?	*haec res male urit te?*
Ich kann kaum sagen, wie sehr.	*sic, ut dici vix possit.*
Was fällt Ihnen ein?	*quid hoc novae rei est?*
Lassen Sie die Späße!	*mitte iŏcos!* (auch: *ioca*).
Was sind Sie für ein Mensch!	*quidnam tu hominis es?*
Donnerwetter!	*pro Iuppiter!*
Das soll er mir büßen!	*ego pol eum ulciscar probe!*
Was soll das heißen?	*quae haec est fabula?*
Sie wissen nun, woran Sie sind!	*dixi tibi!*
Hirngespinste!	*fabulae!*
Was sind denn das für neue Sachen?	*quid hoc novae rei?*
Man möchte sich aufhängen!	*res redit ad restim* (Strick)!
Sie wollen es auch noch übelnehmen?	*etiam indignaris?*
Ich k a n n es kaum glauben.	*vix crediderim.*
Ach, dummes Zeug!	*age, ineptē!*
Schlecht gemacht!	*male factum!*
Ich bin sehr enttäuscht!	*quanta de spe decĭdi!*
Was ist denn das für eine Sache (mit dir?)	*quid istuc quaeso?*
Das höre ich nicht gern.	*male narras!* (*vel male dicis, dixisti*)
Sei doch still!	*tăce sodes!*
Hol dich der und jener!	*di te eradīcent!*
Was sagt er da?!	*quid ille narrat?*
Sind Sie bei Trost?	*satin' sanus es?* (*sanusne es?* = *sanun' es?*)
Was soll ich nur von Ihnen denken?	*quaeso quid tu hominis es?*

Haben Sie schon wieder vergessen, was wir besprochen haben?	iamne oblitus es, quid inter nos sit dictum?
Sonderbar!	mira narras!
Wär's möglich?	quid ais? quid audio?
Das klingt mir bedenklich!	timeo!
Ich bin außer mir vor Ärger!	prae iracundia non sum apud me!
So mäßigen Sie sich doch!	non tu te cohĭbes?
Was hat er I h n e n getan?	quid i n t e fecit?
Das ist empörend!	o facinus indignum!
Der soll zeitlebens an mich denken!	is, dum vivat, meminerit mei!
Sei doch nicht so böse!	minue vero iram!

Begrüßung — de salutatione

Wünsche guten Morgen! guten Tag! guten Abend! Auf Wiedersehen!	{ salvus sis! { bene tibi sit, vir ŏptime!

A n m e r k.: *salve* bei Plautus, dafür *vale* bei Cicero, *ave* in der Kaiserzeit. – Der Gruß beim Kommen und Gehen ist nicht verschieden. Ebensowenig scheidet man die Tageszeiten mit Ausnahme der Nacht.

Guten Morgen, Vater!	salve, pater!
Guten Morgen, Mutti!	salve, mater c u l a!
Guten Tag, l i e b e r Bruder!	salve, mi frater!
Guten Morgen, mein lieber, guter Junge (Enkel).	salve, dulcissime nĕpōs!
Gute Nacht! (vgl. S. 37).	mollĭter cubes!
Mein lieber Mann (= Gatte)!	mi vir!

Meine liebe Frau (= Gattin)!	*mea uxor!*
Mein Herz! Meine Süße!	*cor(cŭlŭm) meum! mel (cŭlŭm) meum!*
Guten Abend, meine Herren!	*salvete pariter omnes!*
Da ist Gustav! Das ist schön!	*Gustavum optime eccum!*
Guten Tag, Herr (Werner)!	*salve, bone vir!*
(Antwort:) Guten Tag, mein lieber Herr (Schmidt)!	*salve tantundem mihi, carissime!*
Guten Tag, verehrter Herr (Professor, Rat, Bürgermeister oder dergleichen)!	*salve, vir ornatissime (vel clarissime vel spectatissime)!*

Anmerk.: Titel oder Amtsbezeichnungen werden nicht zugefügt.

Seien Sie mir willkommen, mein Lieber! (Gegengruß.)	*salve tu quoque, bone vir!*
Sei gegrüßt, lieber Freund!	*salve multum, mi amice!*
Sei mir tausendmal gegrüßt, bester Freund!	*salve etiam atque etiam, amicorum ŏptime!*

Es freut mich, Sie wohl zu sehen!	salvum te venire gaudeo! venire salvum volup'est! gaudeo venisse salvum!
Ich freue mich, daß Sie glücklich wieder da sind!	salvum te advenisse gaudeo! gratulor tibi de reditu tuo!
Gott sei Dank, daß Sie gesund wieder da sind!	gratia Deo, quod nobis incolumis redīsti!
Wie schön, daß ich Sie gerade treffe!	ego te mihi tam opportune obvium fieri gaudeo.
Sie kommen mir sehr gelegen!	opportune advĕnis!
Bitte, nehmen Sie Platz!	assīde quaeso!
Setzen Sie sich bitte auf das Sofa (in den Sessel)!	in lectulo (in cathĕdra molli) assīdito, si commodum erit.
Mein Bruder läßt Sie vielmals grüßen.	frater meus tibi me salutem multam voluit dicere.
Meine Mutter und Schwester haben mir Grüße an Sie aufgetragen.	mater et soror tibi salutem me iusserunt dicere (impertiunt tibi multam salutem, Cic. ad Att. 2, 12, 4).
Ich danke.	salvae sint!

Seltener Besuch

de visitatione rara

Wir sprachen eben von Ihnen.	de te sermo erat.
Ich glaube es wohl; denn als ich hierher ging, klang mir stark das Ohr.	facile crediderim, nam mihi huc venienti mire tinniebat auris.
Welches?	*utra?*

de visitatione rara

Das rechte. Ich schließe daraus, daß nichts besonders Rühmliches von mir gesprochen worden ist.	dextera. unde conicio nihil magnifice de me fuisse praedicatum.
O nein; nur Gutes.	immo nihil non bene.
Dann hat es also nichts zu bedeuten gehabt.	{ vanum igitur fuit. / nihil igitur est.
Es ist schon ein Jahr her, daß Sie uns nicht besucht haben.	{ iam annus est, ex quo nos invisisti. / iam annum nos non invisisti.
Was ist der Grund, daß Sie uns so lange nicht besucht haben?	{ quid causae est, cur tam diu nos non inviseris? / quid accidit, ut tam diu nos non adires?
Woran liegt es, daß Sie uns so selten besuchen?	quid rei est, quod nos tam raro visis?
Was hat Sie abgehalten, uns öfter zu besuchen?	quid obstitit, quominus viseres nos frequentius?
Wo haben Sie so lange gesteckt?	ubi tu tam diu latuisti?
Je häufiger Sie kommen, desto willkommener sollen Sie mir sein.	quo crebrius venies, eo mihi venies gratior.
Ich bin ein wenig böse auf Sie.	{ nonnihil ego tibi succenseo. / ego tibi subirascor.
Ich habe einigen Grund, auf Sie böse zu sein.	nonnihil est (vel habeo), quod tibi succenseam.
Was kann das sein? Bitte, sprechen Sie!	quid est istud, o b s e c r o ?
Inwiefern?	quid ita?
Warum d e n n nur? Bitte, sagen Sie es!	quam ob rem t a n d e m , oro?

Was habe ich verschuldet (mir zu Schulden kommen lassen)?	*quid admisi sceleris?*
Weil Sie nicht an uns denken.	*quod nihil nos respĭcis.*
Weil Sie uns so selten besuchen.	*quod raro nos revīsis.*
Weil Sie sich nicht um uns kümmern (uns völlig vernachlässigen).	*quod nihil nos curas.* *(quod nos plane neglĕgis).*
Warum kommen Sie nicht mehr an unsern Stammtisch?	*quid est causae, cur nostros circulos devītes?*
Langweilen Sie sich nicht, wenn Sie so allein sind?	*nonne taedium te capit solitudinis?*

Entschuldigung

de excusatione

S i e b r a u c h e n mir darüber n i c h t böse zu sein;	*n o n e s t, q u o d mihi succenseas;*
denn es ist ohne meine Schuld so gekommen, daß ich Sie seltener besucht habe.	*neque enim mea culpa accidit, ut te rarius viserem.*
Es war mir nicht möglich, weil ich zu beschäftigt war.	*non licuit mihi per occupationes.*
Ich war so beschäftigt, daß ich Ihnen meine Aufwartung nicht machen konnte.	*non patiebantur negotia, quibus involvebar, ut te salutarem.*
Ich hatte zu viel zu tun, als daß ich es gekonnt h ä t t e.	*occupatior fui, quam ut p o s s e m.*
Ich konnte kaum zu mir selber kommen.	*vix ipsi mihi fuit copia mei.*
Schreiben Sie es meiner vielen Arbeit zu u n d nicht mir.	*negotiis meis ascrībes, non mihi.*

Es war mir nicht möglich wegen meines Unwohlseins (des schlechten Wetters wegen).	*non licuit per valetudinem (per tempestatem).*
Ich lasse Ihre Entschuldigung gelten, aber nur unter der Bedingung, daß Sie nicht öfter damit kommen.	*accipio excusationem tuam, sed hac lege, ne saepius ea utaris.*
Unter der Bedingung soll Ihnen verziehen sein, daß Sie das Versäumte wieder gut zu machen suchen.	*hac lege mihi purgatus eris, si, quod cessatum est in officio (Liv. 45, 24 7), sarcias.*

Was wünschen Sie?   quid vis?

Was führt Sie zu mir?	*quid me vis?*
Ich möchte ein Wort mit Ihnen sprechen.	*paucis te volo.*
Ich möchte mit Ihnen ein Wort im Vertrauen sprechen.	*cupio tecum separatim colloqui familiarius.*
Unter vier Augen.	{ *arbĭtris remotis.* { *sine arbitris.*
Was wünschen Sie?	*loquĕre, quid velis!*
Nun, was wünschen Sie von mir?	*cĕdo, quid vis faciam?*
Was gibt es?	*quid est (rei)?*
Ist es etwas Geschäftliches?	*numquid est negotii?*
Nein, ich ging gerade vorbei und kam herein, um zu sehen, wie es Ihnen geht.	*non ita, sed forte praeteriens intravi, ut viderem, quid tu ageres.*
Sie sind sehr freundlich!	*bene facis!*

Darf ich Ihnen **ein** Glas Wein anbieten?	*licetne apponere vinum?*
Ich bedaure; ich **muß** ablehnen.	*invītus nego.*
Oder **ein Glas** Bier?	*cervesiam mavis?*
Ich danke sehr (ablehnend und annehmend).	*benigne!*
Ich habe versprochen, um 11 Uhr einen Herrn zu treffen.	*pollicitus sum me hora undecima virum quendam conventurum esse.*
Es tut mir leid, daß Sie es so eilig haben.	*nollem te properare.*
Ein andermal bleib' ich länger.	*alio tempore diutius adero.*

Verabschiedung — *vale!*

Ich muß mich nun von Ihnen verabschieden.	*iubeo nunc te bene valere.*
Ich muß nun fort; leben Sie wohl!	*iam me tempus alio vocat; tu valebis!*
Ich will Sie nicht länger aufhalten.	*non te diutius remorabor.*
Ein andermal wollen wir eingehender darüber sprechen (plaudern).	*alias latius loquemur (nugabimur vel confabulabimur)*
Ich habe jetzt noch einige Besorgungen zu machen.	*nunc alio me vocant negotiŏla quaedam.*

Anmerk.: Beim Abschied fragte der Römer in der Regel noch: Kann ich Ihnen mit irgend etwas dienen? *numquid vis?* Die Antwort darauf ist etwa: *ut bene sit tibi!*

Ich verabschiede mich auf zwei Tage von Ihnen.	in hoc biduum valebis.
Lassen Sie sich's recht gut gehen.	valeto quam optime!
Bleiben Sie recht gesund!	da operam, ut sis prospera valetudine!
Danke bestens! (als Erwiderung auf Vorstehendes).	valebis tu quoque! tibi vicissim precor prosperam valetudinem!
Empfiehl mich deinem Herrn Vater bestens!	tu me patri tuo viro optimo magnopere commenda! fac me patri tuo quam commendatissimum facias!
Grüßen Sie Ihre Mutter, Ihren Vater und alle anderen Freunde!	salutem dic matri et patri et si quem alium benevolentem vidĕris!
Grüßen Sie Ihren Bruder von mir!	nuntia fratri tuo salutem verbis meis!
Sagen Sie Karl viele Grüße von mir!	Carŏlum iubebis meis verbis salvere plurimum!
Auch Friedrich grüßen Sie bestens von mir!	Fridericum item mea causa salutabis diligenter!
Grüßen Sie alle recht herzlich von mir!	dic me omnibus omnia laeta precari!
Grüßen Sie mir alle!	omnes meis verbis saluta!
Soll ich etwas an die Ihrigen ausrichten?	ecquid tuis mandas per me?
Einen schönen Gruß von mir!	ut recte valeant!
Herzlichste Grüße an alle, besonders an meinen Vater!	multam salutem omnibus, sed praecipue patri!
Soll ich jemand von dir grüßen?	suntne, quos per me tuo nomine velis salutatos?

Ja, alle, die sich nach mir erkundigen!	*omnes, qui de me percontabuntur!*
Ich empfehle mich Ihnen.	*me tibi commendo!* · (*recommendo* ist ganz unlat.).
Halte mich nicht länger auf!	*ne sis mihi iam mŏra!*
Lebe wohl!	*vale!*
Auf Wiedersehen morgen!	*vale in crastĭnum!*

Gute Wünsche ## De faustis ominibus

Lebe recht wohl!	*bene vale! bene valeto!*
(Erwiderung)	*et tu!*
Glück auf den Weg! Komm gesund wieder!	*bene ambŭla et redambula!*
Glück zu!	*bene rem gere!*
Ich werde den Daumen halten!	*pollicem prĕmam!*
Glückliche Reise!	*sit iter laetum!*
Ich begleite Sie mit den besten Wünschen.	*optimis (faustis) ominibus te prosequor.*
Bleibe recht gesund!	*cura, ut quam rectissime valeas!*
Laß dir's wohl gehen!	*bene sit tibi!*
Ich gratuliere Ihnen zu Ihrem Erfolge!	*gratulor felicitati tuae!*

(*gratulari* bezieht sich stets auf ein bereits eingetretenes Ereignis, nie auf die Zukunft).

Ich gratuliere Ihnen zum neuen Jahre!	*annum novum faustum tibi precor!* *omnia bona tibi precor in proximum annum!*

Ein glückliches Neujahr!	*annum novum faustum felicem!*

(Aufschrift eines Lämpchens in der Staatl. Skulpturensammlung in Dresden.)

Ich wünsche Ihnen Glück zu Ihrem Beginnen!	*feliciter cedat, quod instituisti!* *feliciter exeat, quod aggressus es!* *bene vertat, quod agis!*
Wünsche recht angenehme Ruhe!	*precor tibi noctem placidam!* *contingat tibi felix somnus!*
Ich wünsche gute Nacht!	*sit tibi fausta nox* (vgl. S. 28).
Gute Nacht, meine Herrschaften!	*valete omnes!*

Bitten und Danken   de precibus et gratiis

Bitte, geben Sie mir ein Messer!	*da mihi q u a e s o cultrum!*
Geben Sie mir gütigst eine Gabel!	*dato mihi fuscinulam, si c o m m ŏ d u m e r i t!*
Darf ich Sie um einen Löffel bitten?	*dato mihi cochlĕar, n i s i m o l e s t u m e r i t!*
Wollen Sie so gut sein, mir Ihr Buch zu leihen?	*librum tuum, a m a b o, commoda mihi!*
Sie könnten mir einen großen Gefallen tun, wenn Sie mir das Buch hier leihen.	*pergratum mihi feceris, si hunc mihi librum commodaveris.*
Da nehmen Sie!	*accipe!*
Vielen Dank, lieber Karl!	*merito te amo, Carŏle!*

Ich danke Ihnen, daß Sie mir das Buch überlassen haben.	gratias ago, quod (vel bene facis, quod) hunc mihi librum commodasti.
W o l l e n Sie mir einen Gefallen tun?	ecquid gratum mihi facies?
Sehr gern.	cupio.
Mit Vergnügen! Was wünschen Sie?	faciam animo libenti. dic: quid est?
Was kann ich für Sie tun?	quid me vis facere?
Sie sind sehr gütig!	benigne facis!
Ich danke Ihnen verbindlichst.	gratiam habeo maximam!
Ich s a g e Ihnen meinen herzlichsten Dank.	gratias tibi a g o maximas!
Ich bin Ihnen für diese Freundlichkeit sehr verbunden!	amo te de istoc tuo officio!
Ich bin Ihnen für diese Gefälligkeit sehr zu Dank verpflichtet!	istoc beneficio tibi magnopere devinctus sum!
Ach, sprechen Sie doch nicht davon! („aber bitte sehr!")	a u f e r mihi ista!

Eine Gefälligkeit

de officiositate

Ich bitte Sie, die Sache gefälligst im Auge zu behalten!	quaeso, ut haec res tibi cordi sit!
Ich bitte Sie inständig, sich um diese Angelegenheit kümmern zu wollen!	etiam atque etiam rogo, ut haec res tibi sit curae!
Bitte, seien Sie dabei recht auf der Hut!	hac in re quaeso, ut advigĭles!

Tun Sie mir den Gefallen und besorgen Sie die Sache gut!	*curabis hanc rem mea causa diligenter!*
Ja, Ihnen zu Gefallen will ich es tun.	*faciam tua gratia (vel in tuam gratiam).*
Ich werde mein Möglichstes tun.	*(maxime) operam dabo.*
Sie haben mir einen Gefallen getan, daß Sie mich darauf aufmerksam gemacht haben.	*gratum mihi fecisti, quod illud me monuisti.*
Ich bin Ihnen sehr verbunden, daß Sie das getan haben.	*amo te, quod istuc fecisti.*
Ich fühle mich Ihnen für Ihre Freundlichkeit sehr verpflichtet.	*debeo tibi pro beneficio tuo.*
Ich bin Ihnen sehr dankbar und werde es zeitlebens bleiben.	*equidem gratiam tibi et habeo et habebo, quoad vivam, maximam.*
Ich weiß, wieviel ich Ihrer freundlichen Teilnahme zu verdanken habe.	*video, quantum debeam tuo erga me studio.*
Lassen Sie es gut sein!	*mitte! (vel desine!)*
Sie haben keine Ursache, zu danken.	*non est, quod gratias agas.*

Schuld daran

de culpa

Das ist nicht recht von Ihnen.	*non aequum facis.*
Was hab ich denn verbrochen?	*quidnam commisi?*

Ich bin nicht schuld.	*non sum (es) in culpa.*
Du bist nicht schuld.	*culpa non est mea (tua).*
	non est culpa in me (te).
Ich bin ohne Schuld; ich wasche meine Hände in Unschuld.	*ego careo culpa.*
	extra culpam sum.
	ego absum a culpa.
	culpa vaco.
Daran bin ich schuld.	*haec mea culpa est.*
Du bist am meisten schuld.	*tua summa culpa est.*
Der Fehler ist auf deiner Seite.	*tu in vitio es.*

Sie sind ein strenger Richter.	*Cassianus iudex es*[1]
Daß ich Ihnen nicht geschrieben habe, war durch Krankheit veranlaßt.	*quominus ad te scriberem, morbus causa fuit.*
Daß ich seltener an Sie geschrieben habe, war nur	*quod rarius tibi scripsi, negotia mea causa fuerunt.*

[1] L. Cassius Longinus Ravilla war als strenger Richter in Rom bekannt, daher spricht Cicero mehrfach von kassianischen Richtern und Urteilen.

durch Mangel an Zeit veranlaßt.	
Was war der Grund davon?	*quae causa fuit?* / *quid causae fuit?*
Ich will Sie nicht abhalten.	*non ero tibi in mŏra.* / *per me nulla est mora.*
Was hat Sie denn abgehalten?	*quidnam tibi in mora fuit?*
Du hast uns abgehalten.	*tu nobis in mora fuisti.*
Wer (Was) hat Sie aufgehalten?	*quis (quid) te remoratus (-um) est?*
Max ist schuld, daß Moritz nicht fertiggeworden ist.	*per Maximum stetit, quominus Mauricius rem conficeret.*
Er hat es mit Fleiß getan.	*data (vel dedita) opera fecit.*
Die Sache geht mich nichts an.	*res me nihil contingit.*
Was andere tun, geht mich nichts an.	*quid alii faciant, ipsi viderint.*
Das liegt nicht in meiner Hand (steht nicht in meiner Macht).	*haec non sunt in manu nostra.*
Soviel an mir liegt.	*quantum est situm in me.*

Verzeihung

de venia

Ich möchte Sie bitten, ihm zu verzeihen.	*ei ignōscas volo.*
Verzeihen Sie mir!	*ignōsce!*
Bitte, verzeihen Sie mir!	*obsĕcro mihi ignōscas!*
Was habe ich denn so Schlimmes begangen?	*quid ego tantum sceleris admisi?*

Es machen's alle so!	*vulgo faciunt!*
Man macht es allgemein so!	*vulgo fit!*
Wie es im Leben geht!	*ut sunt humana!*
Was h ä t t e ich tun sollen?	*quid f a c e r e m?*
Meine Freunde waren dafür!	*sic amicis visum est!*
Es hat ja ein jeder seine Fehler!	*sunt sua cuique vitia!*
Es hat jeder einmal eine schwache Stunde.	*nemo est mortalium, qui sapiat omnibus horis.*
Regen Sie sich nicht auf!	*noli tumultuari!*
Ärgern Sie sich nicht zu sehr!	*noli nimium stomachari!*

Ein Mißgeschick

de fortuna adversa (vel calamitate)

Was haben Sie n u r ?	*quid rei est?*
Warum seufzen Sie?	*quid suspīras?*
O je, o je!	*perii!*
Ich bin um mein ganzes Geld gekommen.	*universae pecuniae naufragium feci.*
Wo denn?	*ubĭnam?*
Auf dem Bahnhof Zoologischer Garten in Berlin.	*Berolīni in ferratae viae statione therotrophīi.*
Wie ist das zugegangen?	*quī mălum hoc accidit?*
Ich weiß nicht; es muß so mein Verhängnis gewesen sein.	*nescio, nisi forte sic erat in fatis meis.*
Mein Beileid!	*doleo vicem tuam!*
Bei Gott! Sie dauern mich!	*ita me di amabunt, ut tui me miseret!*
Trösten Sie sich!	{ *bono animo es!* { *bono animo fac sis!*

Machen Sie sich nicht so vielen Kummer!	*noli te macerare!*
Ich helfe Ihnen aus!	*ero auxilio tibi!*

Frageformen   **de quaerendi modis**

Was gibt es Schönes, daß Sie so vergnügt bei sich lachen?	*quid est bonae rei, quod tecum rides tam suaviter?*
Ich habe eben eine höchst amüsante A n e k d o t e gehört.	*f a b e l l a m modo audivi lepidissimam.*
Ich möchte nur wissen, was ihn Schlimmes betroffen hat.	*d e m i r o r, quid huic evenerit mali.*
Sagen Sie e i n m a l aufrichtig:	*dic bona fide:*
Was wollen Sie bei dem Direktor?	⎧ *quid tibi cum rectore* (nicht: *dir.!*) *est negotii?* ⎨ *quid ages cum rectore?*
Ich kann es Ihnen nicht sagen.	*non possum tibi dicere.*
Es ist auch nicht sehr wichtig.	*nec multum interest.*
Sie sollen es erfahren.	*scies.*
Du hast es nicht gesagt?	*non tu dixisti?*
Nein.	*non dixi.*
Warum nicht?	*quámobrem?*
Ist das wirklich so?	*satin' hoc certum est?*
Allerdings! Ich habe es mit meinen eigenen Augen gesehen.	*certum. his egomet oculis vidi.*
Was gibt es?	*quid est?*
Im Ernst?	*ain' tu?*

Sie spannen mich auf die Folter!	ēnĕcas (summam in exspectationem me adducis).
Ich vergehe vor Ungeduld.	
Verstanden? – Ja wohl!	intellextin'? – probe!
Ich verstehe Sie nicht!	non intellego!
Was m e i n e n Sie zu Sophokles' Antigone?	quid tibi Sophoclis Antigona?
Wie urteilen Sie über ...?	quid iudicas de ...?
Wie denken Sie über ...?	quid sentis de ...?
Was soll das heißen?	quid hoc sibi vult?
Was hat dies zu bedeuten?	quid hoc rei est?
Wenn Sie es wissen wollen, so will ich es Ihnen sagen.	si scire vis, ego dicam.
Ach bitte, sagen Sie mir es!	dic, obsecro!
Aber wissen Sie was? –	at scin' quid, sodes?
Was denn?	quid?
Verstehen Sie?	tenesne?
Nicht wahr?	nōnne? – ain' tu?
Nicht? warum n i c h t ?	non? quámobrem?
Wie? Sie können noch fragen?!	vah, quid rogas?
Wieso?	quamobrem? quid ita?
Wieso das?	quid ita istuc?
Nun? (Sprechen Sie!)	cĕdo!
Wie? Was sagen Sie?	quid tu?
Weiter?	quid tum?
So? (= Wirklich?)	ităne?
Wirklich?	sic factum?
Warum das? Denn ich verstehe absolut nicht –	quamobrem istuc? nam prorsum nihil intellego –
Ist Ihnen dies n o c h zweifelhaft?	an dubium id tibi est?
Das haben wir nicht nötig!	non est opus!
Nicht nötig?	non opus est?

Bejahungen — de modis affirmandi

Glaub's gern! (Wahrscheinlich!)	*facile credo!*
Das glaube ich gern!	*verisimile dicis!*
Das klingt sehr glaublich.	*non difficile creditu est.*
Da hast du recht!	*ita, ut dicis!*
Da haben Sie gewiß ganz recht!	*istud tibi quis non credat?*
Sie haben recht!	*recte iudicas!*
Ich weiß recht wohl!	*bene scio! probe scio!* / *non sum ignarus!* / *non sum nescius!*
Soviel ich weiß.	*quantum scio. – quod sciam.*
Das liegt auf der Hand!	*hoc in promptu est.* / *in aperto hoc est!*
Was denken S i e denn?	*sed quid tu?*
Das versteht sich v o n selbst!	*hoc ex se intellegitur!*
Immerhin! Allerdings!	*sane!*
Ganz recht!	*probe!*
Sie wissen doch, daß es wirklich so ist, wie ich sage?	*scis esse factum, ut dico?*
Da soll mich doch g l e i c h der Teufel holen, wenn ich lüge!	*peream, si mentiar!*
Selbstverständlich!	*quidni?*
Warum nicht? Freilich!	*quippĭni?*
Sie k ö n n e n noch fragen?	*rogas?*
Sie haben nicht ganz unrecht!	*recte sane!*
Ich habe es selbst gesehen!	*hisce oculis vidi.*
Leugnen Sie nicht!	*noli negare! ne negaveris!* (in der Umgangssprache: *ne nega!*)
Mag sein!	*esto!*

Verneinungen — de modis negandi

Geht alles nach Wunsch?	*satin' omnia ex sententia?*
Leider nicht!	*vellem quidem!*
Nein.	*non ita.*
Unsinn!	*nihil dicis!*
Nein, wirklich nicht!	*non inquam!*
Nein, ganz gewiß nicht!	*non hercle vero!*
Ich kann mich nicht davon überzeugen!	*non possum addūci, ut id credam.*
Ist's möglich?	
Nicht möglich!	*quid ais?*
Ist das Ihr Ernst?	
Ich weiß wohl!	*memini!*
Ich denke!	*sic arbitror!*
Ich verstehe!	*intellego!*
Sie haben nicht unrecht!	*a l i q u i d dicis!*
Das l ä ß t sich hören!	*audio!*
	non mirum!
Kein Wunder!	*nec mirum!*
	quid mirum?
	minime mirum id quidem!
Sie haben den Nagel auf den Kopf getroffen!	*(rem) acu tetigisti!*
Natürlich!	*scilicet!*
Sie haben sehr recht!	*haud erras!*
Er ist j e d e n f a l l s zu Hause.	*m i r u m , ni domi est.*
Wenn nicht a l l e s trügt, so ist er es.	*nisi me a n i m u s fallit, hic ille est.*
Ja, gewiß!	*ĕdĕpol!*
Ich habe es gleich gesagt, daß er es ist.	*dixi equidem ilĭco eum esse.*

Kann sein!	*fortasse!*
Beinahe!	*propemŏdum!*
Sie werden schon sehen!	*ipsa re experiēris!*
Meinetwegen!	*sit ita! – esto! – fiat!*
Na, aber natürlich!	*minime mirum id quidem!*
Das ist **doch** sonnenklar!	*hoc luce clarius!*
Darf man die Photographie **einmal sehen**?	*licetne videre imaginem luce impressam?*
Ja. (Ja, gewiß!)	*licet. (licet maxime!).*
So ist es; ich gebe es zu!	*ita res est, fateor!*
So ist es!	*sic est!*
Gewiß!	*certo!*
Wie ich Ihnen sage!	*dixi!*
Sie scherzen!	*garris!*
Durchaus nicht!	*minime!*
Sie sind nicht bei Troste!	*delīras!*
Sie ebensowenig!	*tu nihilo minus!*
Ich protestiere ganz entschieden!	*reclāmo, quantum possum!*
Das ist leicht gesagt!	*nihil est dictu facilius!*
Du hast gut reden!	*dixti pulchre!*
Gar nicht nötig!	*nihil opus!*
Ich weiß nicht.	*nescio. – ignoro.*

Einschaltungen

de interpositionibus

kurz, –	*ne multa –*
	quid plura?
	sed quid opus est plura?
um mich kurz zu fassen:	*ut paucis complectar:*
um mich deutlicher auszudrücken:	*ut planius dicam:*

– aber das gehört nicht zur Sache!	sed hoc nihil ad rem!
Doch zur Sache!	sed ad rem!
– glauben Sie mir! –	mihi crede (besser als: crede mihi)!
Sei überzeugt...	persuade tibi...
Sei bitte überzeugt...	velim tibi ita persuadeas...
nach meiner innersten Überzeugung.	ex animi mei sententia.
wenn ich nicht irre.	nisi fallor. nisi me fallit. nisi res me fallit. nisi animus me fallit.
wenn nicht alles trügt.	nisi omnia me fallunt.
Sie begreifen doch, was ich meine?	tenes, quid dicam?
– was Gott verhüte! –	{ quod Deus avertat! / quod Deus prohibeat! }

Wie alt?   qua aetate?

Sage einmal aufrichtig: wie alt bist du?	dic bona fide (vel sincere, sine fraude): quot annos natus es? vel qua aetate es?
Ich bin 15 Jahre alt.	quindecim annos natus sum.
Ich stehe im 16. Jahre.	sextum decimum annum ago.
Ich gehe ins 19. Jahr.	maior sum annis duodeviginti.
Ist dein Bruder älter als du?	fraterne tibi antĕit aetate?
Nein, ich bin älter als er.	immo ego ci (aetate) antecēdo.
Er ist anderthalb Jahre jünger als ich.	anno et sex mensibus minor est quam ego.

Er ist noch nicht vierzehn.	minor est quattuordecim annis natu.
Er sieht fast so alt aus wie du.	aequalis prope tui videtur esse.
Lebt deine Großmutter noch?	vivitne avia tua?
Jawohl.	vivit.
Ist sie sehr alt?	estne grandis natu?
Sie wurde letzte Woche 75 Jahre.	hac proxima hebdomăde septuaginta quinque annos complevit.
So alt ist sie schon?	illa tanta natu?
Sie geht ins achtzigste Jahr.	annum ingressa est octogesimum.
Das ist ein hohes Alter!	magnam dicis senectutem!
Sie ist immer noch sehr rüstig.	etiamnunc vivĭda est.
Wann ist dein Geburtstag?	quando tibi natalis dies est?
Am 15. September.	die quinto decimo (mensis) Septembris.
Wie alt wirst du dann?	quot annos tum conficies?
Ich werde dann 15 Jahre alt.	quindecim tum annos natus ero.

Für wie alt hältst du mich?	*quid aetatis ego tibi videor?*
Sie sind 40 Jahre alt.	*quadraginta annos natus es.*
Ich bin 46 Jahre gewesen.	*quadragesimum sextum annum excessi (vel egressus sum).*
Dein Onkel fängt an zu altern.	*Avunculus tuus senescit.*
Er bekommt graue Haare.	*canescit.*
Sein Haar ist fast so weiß wie Schnee.	*eius capilli nivĕo fere sunt colore.*
Er ist steinalt.	*ad summam senectutem pervēnit.*

Das Äußere

de corporis specie

Ein sehr hübscher Junge!	*scitus admodum puer!*
Nase und Augen sind wie beim Vater; an der Stirn und am Kinn gleicht er der Mutter.	*nasus et oculi patrem refĕrunt; frons et mentum matrem exprĭmunt.*
Ich habe Sie kaum wiedererkannt.	*vix te agnovi.*
Bin ich in den zwei Jahren so gealtert?	*adeone consenui biennio?*
Im Gegenteil, Sie sehen viel jünger aus, weil Sie sich Ihren Vollbart haben abnehmen lassen.	*immo aetate multo minor videris, quod barbam totondisti.*
Sie sind stärker (schlanker) wiedergekommen.	*obesior (procerior) redīsti.*
Als Sie fortgingen, hatten Sie noch keinen Bart: jetzt	*imberbis abieras, redīsti barbatulus.*

de corporis specie

kommen Sie mit einem Bärtchen wieder.	
Er ist kurzsichtig (geworden).	⎧ *oculis non satis prospicit.*
Er trägt eine Brille.	⎨ *oculos arte adiŭvat.*
	⎩ *perspicillum fert.*
Sehen Sie dort Herrn Müller mit seiner Braut?	*videsne Molinarium illum cum spōnsa?*
Jawohl.	*video.*
Wer ist seine Braut?	*quaenam est eius spōnsa?*
Friederike, die Tochter des Bürgermeisters.	*Fridĕrīca, filia magistri civium.*
Ein merkwürdiger Geschmack!	*egregium spectatorem formarum!*
A b e r sie hat d o c h lebhafte Augen und blendend weiße, vollständige Zähne.	*at vigent oculi eius nitetque utrimque dentiŭm series.*
Er ist das ganze Ebenbild seines Vaters.	*plane patrem reddit et refert.*
Er hat tiefliegende Augen.	*oculis est refugis.*
Er hat Sommersprossen und schlechte Zähne.	*ore est sparso et dentibus putrĭdis.*
Seine Beine sind krumm (X-Beine).	*crura sunt vara* (Eigenn. *Varus!*).
Er hat Dachsbeine (O-Beine).	*valgus est.*
Vielleicht wird das mißlungene Äußere durch ein großes Vermögen bei ihm ausgeglichen?	*fortasse formae infelicitas compensatur magnis facultatibus?*
O nein; er hat bereits Bankerott gemacht (s. auch S. 54).	*immo iam decoxit.*
Er sieht recht verdrießlich aus.	*admodum tristis videtur esse.*
Er sieht sehr ernst aus.	*magna est in vultu severitas.*

Wer sind die Leute?   de vicinis

Die ist es. — *ea est.*
Wie heißt die Frau? — *quod est nomen feminae?*
Sie ist eine verwitwete Textor. — *viduata est m o r t e Textoris cuiusdam.*
Sie hat ihre liebe Not. — *rerum suarum satis agit (sat agit – Ter. Haut. 225).*

Ihr Mann ist vor mehreren Jahren gestorben, ein liederlicher und arbeitsscheuer Mensch. Er hat seiner Frau nichts hinterlassen als eine Schar von Kindern. — *maritus ante complures annos decessit, homo dissolutus et ignavus, qui nihil uxori reliquit praeter liberorum gregem.*
Sie ist vor drei Jahren aus Leipzig hierhergezogen. — *abhinc triennium Lipsia huc commigravit.*
Jetzt befindet sie sich in besseren Verhältnissen. — *nunc eius res meliore loco sunt.*
Wer ist ihr Vater? — *pater quis est?*
Er ist ein angesehener Rechtsanwalt, Direktor einer Handelsgesellschaft und hält ein großes Haus. — *iurisconsultus est clari nominis, qui praeest societati mercatorum, homo rei splendidae.*
Wie heißt er? Sagen Sie mir auch den Vornamen! — *quo nomine? adde praenomen!*
Sie kennen ihn doch? — *eumne novisti?*
Er gilt allgemein für einen Mann in sehr guten Verhältnissen. — *omnes eum in lauta re esse putant.*

Er ist außerordentlich reich. — *divitiis abundat.*
Er hat ausreichend zu leben. — *est, unde commode vivat.*
Die Leute leben g u t. — *l a u t e vivunt illi* (nicht *bene!*).

Lebt ihre Mutter n o c h ?	*vivitne mater?*
Ja.	*vivit.*
Darf ich auch den Namen der andern (Frau) erfahren?	*licetne scire alterius quoque nomen?*
O gewiß!	*maxime!*

In Schulden

de aere alieno

Wer ist der junge Mann, der zu uns herübersieht?	*quisnam hic est adulescens, qui intuetur nos?*
Kennen Sie ihn?	*tūne novisti eum?*
Ich kenne ihn wohl und habe ihn oft gesehen.	*bene novi et vidi saepe.*
Ich habe ihn meines Wissens noch nie gesehen.	*non ĕdĕpol ego eum, quod sciam, unquam ante hunc diem vidi.*
Ich weiß nicht, wer der Mann ist; ich habe ihn bisher noch niemals gesehen.	*ego, quis sit homo, nescio neque oculis ante hunc diem unquam vidi.*
Aber ich habe ihn sogleich erkannt.	*at ego ilico cognovi.*
Wie heißt er?	*quod nomen illi est?*
Karl Müller.	*Carŏlo (-us) Molinario (-us).*
Er ist mir hundert Mark schuldig.	*marcas centum mihi debet.*
Du hast ihm Geld geliehen?	*tu ei credidisti?*
Ich bin mit dem Manne einigermaßen befreundet.	*intercedit mihi cum eo nonnihil amicitiae.*
Er bat mich, ich solle ihm hundert Mark leihen (sc. ohne Zinsen).	*oravit, ut marcas centum sibi darem mutuas.*

Er borgt sich Geld gegen Zinsen.	*pecuniam sumit fenore.*
Er bringt sein Vermögen durch.	*conficit patria bona.*
Er macht Schulden, hat Schulden.	*aes alienum facit, habet.*
Er steckt in Schulden.	{ *in aere alieno est.* { *aere alieno demersus est.*
Er steckt in Schulden bis über die Ohren.	*animam debet* *(Ter. Phorm. 661 nach dem griech. ψυχὴν ὀφείλειν)*
Er hat weniger als nichts.	*illi minus nihilo est.*
Er ist in Geldverlegenheit.	*labōrat de pecunia.*
Sein Kredit sinkt.	*fides eum deficere coepit (Cic. p. Font. 34).*
Er ist bankrott (s. auch S. 51).	*a mensa surrexit* oder *foro cessit.*
Er lebt in Armut.	*in egestate est.*
Er fristet kümmerlich sein Leben.	*vitam inŏpem sustentat.*
Er wird nie zu etwas kommen.	*nunquam rem faciet.*
So geht es im Leben!	*haec est rerum humanarum condicio!*
Warum kümmern Sie sich um fremde Angelegenheiten?	*quid aliena curas?*
Warum kümmern Sie sich um Dinge, die Sie nichts angehen?	*quid ea curas, quae nihil ad te attinent?*

Er ist tot!   de mortuo

N. ist gestorben.	{ *N. (vita) decessit.* { *N. mortem obiit.*
Er hat sich das Leben genommen.	{ *mortem sibi conscivit.* { *se ipse vita privavit.*
Er hat Hand an sich gelegt.	{ *manus sibi attulit.* { *vim sibi intulit.*
Wirklich?	*bona verba!*
O nein! Er ist an einer Krankheit gestorben.	*immo vero morbo confectus est.*
Er ist erfroren.	*frigŏre confectus est.*
Er ist nach längeren Leiden gestorben.	*aegrotationibus confectus mortem obiit.*
Wann wird er begraben?	*quando efferetur?*
Wann wird die Einäscherung stattfinden?	*quando cremabitur?*
Wir wollen an seiner Beerdigung teilnehmen, um ihm die letzte Ehre zu erweisen.	*nos eius funus exsequemur, ut iusta ei faciamus.*

Warten   de praestolatione

Ich will inzwischen hier auf meine Frau warten.	*hic ego uxorem interea opperiar.*
Ich will hier vor der Tür auf euch warten.	*ego vos hic opperiar ante ianuam.*
Ich muß warten, b i s mein Bruder k o m m t.	*frater mihi est exspectandus.*
Warte n o c h ein wenig auf mich!	*parumper opperire me!*
Ich bin sogleich w i e d e r da.	*continuo hic adsum!*

Ach ja, bitte!	*ita quaeso!*
Da bin ich!	*ecce me!*
Wo ist Karl? man sieht ihn nirgends! Wo ist er denn hin?	*ubi Carŏlus? nusquam apparet! quonam ille abiit?*
Da ist er!	*ĕccum!*
Da ist ja Karl!	*ĕccum Carŏlum!*
Da ist er ja!	*ĕccum, adest!*
Sieh, dort sehe ich sie!	*ĕccillam video!*
Na, warte (nur)! [drohend].	*hoc non impune feres!*

Kosten — de impēnsis

Die Sache kostet mich viel Arbeit (sehr viel Zeit).	*plurimum eam in rem operae insumpsi (temporis permultum).*
Sie kostet mich viel Nachtarbeit.	*multum lucubrationis impendi.*
Die Sache kostet mich v i e l Geld.	*haec res mihi constat pecunia m a g n a.*
Sie kostet mich mehr, als man denken sollte.	*pluris mihi constat, quam credas (vel credideris).*
Zu welchem Preise für d e n Monat vermietet er die Wohnung?	*quanti istud domicilium in s i n g u l o s menses locat?*
Für 220 DM, 250 Francs, 19 Pfund Sterling.	*ducenis vicenis marcis Germanicis, ducenis quingenis nummis Francogallicis, undevicenis libris Anglicis.*
Hui, das ist zu teuer!	*hui, nimio locat!*
O n e i n, die meisten Wohnungen werden heute viel teurer vermietet.	*immo multo pluris domicilia pleraque locantur hodie.*

Ich würde sie für so viel Geld nicht mieten.	ego tanti non conducam.
Was zahlen Sie für Ihre Wohnung?	quanti tu habitas?
Ebensoviel, wie der Mann verlangt, aber sie ist viel besser.	tantīdem, quantum ille petit, at multo melius.
Wieviel kosten diese Bücher?	libros istos quanti vendis?
Jedes zwölf Mark.	duodenis marcis.
Das ist zu teuer.	nimio.
O nein, sehr billig.	immo minimo.
Zu welchem Preise bietet er dies Büchlein an?	quanti hunc libellum indĭcat?
Für zehn DM.	decem marcis.
Nanu, so teuer?	hui, tanti?
Das ist ein Versehen von meinem Verkäufer; es kostet nur acht DM.	erravit famulus meus; octo marcis constat.
Hast du Kleingeld bei dir?	aesne habes?
Ja, großes und kleines.	habeo nummos omnis nŏtae.
Ich habe keinen Groschen im Portemonnaie.	non est (mihi) nummus in crumīna (vel marsuppio).
Papiergeld habe ich bei mir.	chartas habeo nummarias mecum.
Kannst du mir eine Mark borgen? Ich gebe sie dir morgen wieder.	potes nunc mutuam marcam mihi unam dare, quam cras reddam tibi?
Hier hast du das Geld.	cape hoc argentum.
Da nimm!	accipe!
So nimm es doch!	quin accipis?
Wo hast du es her?	unde habes?
Sauer verdient.	labore merui.
Ich habe es in der Lotterie gewonnen.	sortium beneficio accepi.

Schreiben

de scriptura

| Du schreibst eine hübsche Hand. | scite scribis manu tua. |

Ihre Handschrift gefällt mir nicht. — *manus tua mihi non placet.*

Sie schreiben schlecht. — { *parum decōre scribis.* / *parum commŏde scribis.* }

Sie schreiben zu eng. — *presse et anguste scribis.*

Was ist das für Papier? — *quae charta haec est?*

Das Papier ist etwas feucht und durchlässig. — *charta subumĭda est et transmittit atramentum.*

Schreibst du g e r n mit einer harten oder weichen Feder? — *utrum a m a s scribere calamo (spätlat.: penna) duri o r e an molli o r e !*

Gewöhnlich mit einer weichen. — *ego molliore soleo.*

Ich will mir von irgend jemand eine Stahlfeder geben lassen. — *alicunde pennam ferream rogabo.*

Schreiben Sie nach! — *scribitote, quod dicam!*

Ich komme nicht nach! — *non possum vocem tuam scribendo assequi!*

Sie müssen s t e n o g r a - p h i e r e n ! — *per nŏtas scribendum est!*

Der Stenograph. — *notarius (Auson. ep. 146).*

Hier ist ein Schreibfehler! — *hoc mendum est (scripturae)!*

Ich habe mich verschrieben. — *in scribendo lapsus sum.*

Streichen Sie ja nichts aus! — *cave quicquam inducas!*

Was schreiben Sie? — *quid scribis?*

Ich habe n u r etwas in mein Notizbuch eingetragen. — *in commentariolum meum aliquid rettuli, nihil amplius.*

Die Schriftzüge stimmen vollkommen mit deinen überein.	*litterarum figurae (vel ductus) plane congruunt cum tuis.*
Schreiben Sie dies m i t t!	*scribe hoc per t!*
Schwarze Tinte. Rote Tinte. Blaue Tinte.	*atramentum. rubramentum. caeruleamentum.*
Das Tintenfaß.	*atramentarium.*
Der Tintenklecks.	*atramenti macula.*
Wieviel haben Sie fertig?	*quantum scriptum est?*
Der Füllfederhalter mit vergoldeter Spitze.	*graphium atramento repletum (vel atramentarium) acumine aureo praeditum.*
Das Löschblatt, -papier.	*charta bibula.*
Das Radiermesser.	*radula chalybeia.*
Der Radiergummi.	*quadra (vel quadrilla) cummis deletĭlis.*
Der Kugelschreiber.	*graphium pilula armatum (vel stilus sphaera instructus).*
Der Bleistift.	*lapis scriptorius (vel plumbum vel haematītes, ae f.).*
spitzen.	*cuspidare (vel acuere vel acuminare).*

Der Bleistiftspitzer.	machinula haematitis cuspidandis vel instrumentum cuspidarium.
Die elektrische Schreibmaschine.	machina scriptoria (vel dactylographica) electrica vi acta.
Die Kleinschreibmaschine.	machinula scriptoria.
Der Durchschlag.	exemplar transscriptum.
Das Kohlepapier.	charta transscripticia (vel carbonea).
Das Farbband.	taenia colorata.
Der Schnellhefter.	integumentum astrictorium.
Der Locher.	chartarum perforaculum.
Der Umschlag.	involūcrum.
Die Büroklammern.	fibiculae metallicae.
Das Heft.	chartularum fasciculus.
Die Heftmaschine.	chartarum consutorium.
Der Papierkorb.	s(c)irpiculus chartarum.
Der Papierwarenhändler.	chartarius.
Das Papierwarengeschäft.	taberna chartaria.
Das Adreßbuch.	liber civium index.
Die Aktenmappe.	theca scriptoria (vel libraria).
Die Buchdruckerei.	officina libraria. typographēum.

Nach Hause. Nicht zu Hause

domum, non domi

Wohin gehst du, lieber Leonhard?	quo noster Leonardus?
Ich war auf dem Wege zu dir.	ad te ibam.

Wohin willst du mich m i t - nehmen?	*quo me d u c e s ?*
Wohin? natürlich mit zu mir!	*quo ego te? ad me scilicet!*
Mein Bruder wartet schon lange a u f dich.	*te iam dudum exspectat frater meus.*
Ist er v o n der Reise zurückgekehrt?	*rediitne e x itinere?*
Wo ist er denn?	*ŭbĭnam est?*
Bei mir zu Hause.	*apud me domi.*
Er ist l e i d e r schon fort!	*abiit, antequam vellem!*
Er ist nicht zu Hause.	*fŏris est.*
Er hat sich bereits davongemacht.	*iam se amovit.*
Ich gehe wieder nach Hause.	*domum me recipio (vel me confero, revertor, repeto)*
Was wollen Sie dort?	*quid illuc? – quid eo?*
Ich will nachsehen, wie es zu Hause steht.	*visam, quid domi agatur.*
Ich habe in deiner Abwesenheit einen Freund mitgebracht.	*adduxi amicum te absente.*
D e n k e d i r , wen ich getroffen habe!	*scisne, in quem inciderim?*
Meinen lieben Freund Leonhard!	*in Leonardum, hominem mihi amicissimum!*
Darf ich euch für heute abend einen Vorschlag machen?	*licetne in vesperum hodiernum vobis aliquid commendare?*
Ja, bitte.	*licet.*
Laßt uns ins Kino gehen!	*cinematographēum adeamus!*
Wir werden einen großartigen Film sehen.	*magnificam imaginum videbimus seriem.*

Dann werden wir in eine Nachtbar gehen und eine hübsche Tänzerin bewundern.	*deinde in cauponam nocturnam intrabimus atque saltatrīcem admirabimur bellam.*
Wird sie auch ein Striptease vorführen?	*etiamne in saltando veste deposita corporis formam proponet (vel nudi ludicrum)?*
Du forderst zu viel.	*nimium postulas.*
Tonfilm.	*pellicŭla (cinematographica) sonans.*

Aufstehen

de surrectione

Ist es Zeit aufzustehen?	*estne tempus, ut surgamus?*
Ja, es ist die h ö c h s t e Zeit.	*est tempus m a x i m u m.*
Bist du noch im Bette?	*in lecto etiamnunc es?*
Allerdings!	*ita.*
Schläft Heinrich noch?	*Henrīcus dormitne adhuc?*
Ja.	*dormit.*
Das sieht ihm ähnlich (vgl. S. 26).	*hoc isto dignum.* *non alienum est ab eius moribus.*
Steh auf u n d wecke ihn!	*surge, ut eum excĭtes!*
He, du Nichtsnutz, ich rufe mich schon lange heiser, und du willst nicht wach werden!	*heus, heus, furcifer (vel homo nequissime), iamdūdum irraucēsco clamore nec tu tamen expergiscĕris!*
Steh schnell auf, oder ich werde dir deinen Schlaf vertreiben!	*aut ocius surge aut ego tibi somnum istum excutiam!*

de surrectione

Wann wirst du deinen gestrigen Rausch ausgeschlafen haben?	*quando crāpŭlam hesternam edormiveris?*
Schämst du dich nicht, in den hellen Tag hinein zu schnarchen?	*nonne te pudet in multam lucem stertĕre?*
Während er sich reckt, dehnt und gähnt, vergeht eine volle Stunde.	*dum distendit nervos, dum oscĭtat, tota abit hora.*
Wann bist du aufgestanden?	*tu quando surrexisti e lecto?*
Ich bin zeitig aufgestanden.	*ego mane surrexi.*

Ich stehe gewöhnlich vor Tagesanbruch auf.	*equidem soleo ante lucem surgere.*
Es ist kaum erst Tag geworden.	*vixdum diluxit.*
Es ist noch völlig dunkel.	*adhuc multa nox est.*
Dreh das Licht an!	*accende lucernam!*
Mach schnell! Du solltest damit schon fertig sein!	*move te ocius: iam haec te fecisse oportuit!*
Ich kann nicht zweierlei auf einmal machen.	*non possum simul sorbēre et flare (Plaut. Most. 791).*
Wie spät ist es?	*quid horae est?*

Fünf Minuten nach sechs.	post sextam minutae quinque (s. S. 21).
Wußtest du, daß es s c h o n s o s p ä t ist?	tune sciebas h o c esse tempus?
Nein, ich wußte es nicht.	nesciebam.
So?	itane?
Ich wußte es wirklich nicht.	nesciebam, inquam.
Ist Wasser in dem Waschbecken?	estne aqua in trulleo?
Hole Wasser, daß man sich Gesicht und Hände waschen kann!	affer aquam ad lavandas manus et faciem!
Bring mir Wasser zum Händewaschen; ich habe schmutzige Hände.	affer aquam manibus; manus meae sordidae sunt.
Beeile dich! So mach doch!	propĕra! quid cessas?
Hast du Seife und ein frisches Handtuch?	habesne saponem et mantēle recens?
Zahnbürste, Zahnpulver, Zahnwasser.	pēnĭculus (vel pēnicillus), pulvis crētācĕus, aqua dentibus purgandis.
Das Rasiermesser.	novacŭla (vel tonsorius culter, tri).
Der Rasierapparat.	novacŭla machinālis.
Die Rasierklinge.	lamella rasoria.
Der elektrische Rasierapparat.	novacŭla vi electrica acta (novacula electrica).
Ich muß erst einmal hinaus.	antea alvum exoneratum ibo.
Hast du d i c h schon gewaschen?	lavistine iam?
Ich habe m i c h noch nicht abgetrocknet.	nondŭm me tersi.
Ich werde heute baden gehen.	lavatum hodie ibo.

Morgentoilette

de matutina corporis curatione (vel cultu)

Hast du dir die Haare gekämmt und gebürstet?
Ja.
Zieh ein anderes Hemd an!

Sind die Stiefel gewichst?
Die Schuhe sind geputzt.
Hut und Kleider müssen ausgebürstet werden.
Wo ist das Schuhwerk?
Die Hose ist im Schrank.

Die Stiefel hab' ich schon an.
Bist du endlich fertig?
Da siehst du, wie schlecht ich angezogen bin!
Oft schäme ich mich, auszugehen, wenn ich sehe, wie andere *gentlemanlike* aussehen.

Ein Pelzmantel fehlt mir auch.
Das Bett muß gemacht werden.
Nun w o l l e n wir frühstücken.
Du hast recht, wir w o l l e n frühstücken.

pexistine capillos et composuisti?
ita.
muta interŭlam (scil. tunicam)!

repurgataene sunt călĭgae?
calcei sunt extersi.
pileus et vestimenta pēniculo detergenda sunt.
calceamenta ubi sunt?
brācae (engl. *breeches*) *in armario sunt.*

iam calceatus sum.
tandemne paratus es?
vides, quam sim pannosus!
(eigentl. zerlumpt)
saepe me taedet prodire in publicum, cum video, quam culti sint alii.

vestis pellīta quoque mihi deest.
lecti stragula componenda est.
iam sumamus ientāculum.

recte mones; ientemus!

Im Studierzimmer	in umbrāculo
Er studiert sehr fleißig.	summo studio in litteris versatur.
Du führst ein Leben wie eine Schnecke.	tu mihi vidēris coclĕae (cochlĕae) vitam agere.
Wieso denn?	qui sic?
Weil du dich immer im Hause aufhältst und nie hervorgekrochen kommst.	quia perpetuo domi lătĭtas nec unquam prorēpis.
Du wirst zu Hause noch ganz einrosten.	tu domi sĭtum (Schimmel, Rost) duces.
Zu Hause habe ich meine Beschäftigung; draußen habe ich nichts zu tun.	est, quod agam domi; fŏris nihil est negotii.
Du sitzt zuviel über den Büchern.	nimium affixus es libris.
Schone dich doch endlich einmal ein wenig!	quaeso tandem aliquantulum tibi parce!
Du ruinierst dich durch zu vieles Studieren.	immodico studio ipse te macĕras.
Für die Bücher leb' und sterb' ich.	mihi vero vel immŏri chartis dulce est.
Das „leben" lasse ich mir gefallen, aber das „sterben" nicht.	equidem 'immorari' probo, 'immŏri' non probo.
In so guter Gesellschaft bekomme ich nie Langeweile.	talis sodalicii nunquam me capit taedium.
Das Arbeiten bekommt man nie satt.	non est studiorum satietas.
Das ist wahr. Aber jedenfalls gibt es Maß und Ziel darin.	ita est, sed tamen est modus quidam.

Je seltener das Vergnügen, desto größer der Genuß.	'voluptates commendat rarior usus' (Iuven. 11, 208).
Du studierst früh und spät.	studiis vacas noctes ac dies.
Was machen Sie jetzt?	quid agis nunc?
Ich habe jetzt freie Zeit.	equidem otium ago.
Es ist besser der Muße zu pflegen als nichts zu tun.	praestat otiosum esse quam nihil agere (Plin. ep. 1, 9, 8).
Ich störe Sie vielleicht bei einer ernsten Beschäftigung?	ego te fortasse occupatum seriis negotiis interpello?
Nein, ich bin ganz frei. Ich bekam schon Langeweile.	immo maxime vacuum. iam me ceperat otii taedium.
Entschuldigen Sie, wenn ich Sie zu ungelegener Zeit gestört habe.	da veniam, si te parum opportuno tempore interpellavi.
Nein, Sie kommen gerade recht.	immo in tempore advĕnis.
Sie kommen mir ganz erwünscht.	optatus ades.
O nein, Sie sind zu gelegener Zeit zu mir gekommen.	immo opportune te huc attulisti.
Wie lange studieren Sie schon?	quamdiu iam litteris operam dedisti?
Der Student.	civis academicus.
Die Studenten.	iuvenes litterarum.
Welchen Studien widmen Sie sich besonders?	cui potissimum studiorum generi te addīcis?
Der Medizin? oder der Rechtswissenschaft? oder der Theologie? oder den alten oder neuen Sprachen? der Philosophie? (dem Sport?)	utrum medicinae? an iuris prudentiae? an theologĭae? an linguis antiquis an recentioribus? philosophĭae? arti exercitatoriae?

Ich habe mich noch für keine bestimmt entschieden.	nondum ulli me plane addixi.
Welchen Beruf wollen Sie ergreifen?	quodnam vitae genus amplectēris?
Ich weiß noch nicht, wozu ich mich eigne.	nondum video, cui sim accommodatus.
Die Medizin ist in der ganzen Welt das sicherste Brot.	medicina ubĭvis terrarum certissimum est viaticum.
Die Rechtswissenschaft bahnt den Weg zur Staatsgelehrsamkeit.	iuris prudentia viam aperit ad rei publicae doctrinam.
Die Theologie würde mir besonders gefallen, wenn nicht die vielen Streitereien der Theologen mich abstießen.	theologĭa mihi imprimis placeret, nisi nimiae theologorum contentiones me offenderent.
In der Philosophie bin ich Eklektiker.	in philosophĭa e multis summam concipio.
Die Universität.	universitas litterarum (vel studiorum).
Die technische Universität.	technica studiorum universitas.
Die tierärztliche Hochschule.	veterinaria studiorum universitas.
Er ist korrespondierendes Mitglied des Deutschen Archäologischen Instituts in Athen.	socius est ab epistulis Archaeologici Instituti Germanici Athenis collocati.
Die Berliner Akademie der Wissenschaften.	Academīa Disciplinarum Berolinensis.
Die Studentenverbindung.	studiosorum iuvenum consociatio.
Die akademische Festlichkeit.	sollemne academicum.

Radio und Fernsehen

de re radiophonica et (radio) televisifica[1]

Wollen wir heute abend ins Konzert gehen?	*audiemusne hodie vesperi concentum (vel certamen musicum) in Odēo?*
Ein berühmtes Orchester wird spielen.	*symphoniăci incluti canent.*
Eine ausgezeichnete Sängerin singt mit Orchesterbegleitung.	*cantatrix egregia ad symphoniam canet.*
Die Kapelle spielt Streichmusik.	*symphoniaci fidibus canunt.*
Kapellmeister.	*concentus ductor.*
Ich will lieber zu Hause bleiben und im Radio den Barbier von Sevilla hören.	*mālo domi radiophonice audire Tonsorem Hispalensem.*
Radio ist doch kein Ersatz für ein wirkliches Konzert.	*transmissio radiophonica non idem valet quod verus concentus vocum, nervorum, tibiarum.*
Ja; aber ich höre doch gern Rom.	*recte tu quidem. nihilominus placet audire symphoniam Romanam.*
Rom?	*heus tu, quid dicis?*
Ich meine die Konzerte im Mausoleum des Augustus.	*symphonĭas dico illius praeclarissimi Odēi, quod est Romae in Mausolēo imperatoris Augusti.*

---

[1] Vgl. Vita Latina Nr. 22–24 (1964/65): De Germaniae quadragenaria re radiophonica (= 40 Jahre Rundfunk in Deutschland) von C. Eichenseer.

Können Sie denn das mit einer Innenantenne?	*potestne hoc fieri antemna in conclavi posita?*
Nein, ich habe eine Dachantenne.	*immo antemna mea in tecto posita est.*
Haben Sie Kopfhörer oder Lautsprecher?	*utrum conchas auditorias auribus affīgis, an megaphono soni omnibus redduntur?*
Ich habe einen Apparat mit Verstärker.	*est mihi instrumĕntum cum amplificatione.*
Der Frankfurter Sender ist rührig und immer auf Aktualität bedacht.	*statio Francofurtensis sedulo recentissima offert.*
Der Rundfunk.	*radiotelephonĭa.*
Das Radio anstellen.	*radiophōnum expedire (vel excitare).*
Das Radio abstellen.	*radiophōnum sistere.*
Das Radiogerät.	*instrumentum radiophonicum.*
Kurz-, Mittel-, Langwellen, UKW	*undae (radiophonicae) breves, mediae, longae, supérbrĕves.*

Die Verstärkerröhre.	*lampas amplificatrix.*
Die Wellenlänge.	*undulationis longitudo.*
Der Lautsprecher.	*mega(lo)phōnum.*
Die Steckdose.	*capsella contactus (electrici).*
Die Batterie.	*pīla electrica.*
Der Schalter.	*epitonium electricum.*
Die Sendestation.	*statio transmissoria (vel emissoria).*
Die Sendung.	*emissio (vel transmissio, diffusio) radiophonica (vel televisifica).*
Die Störung.	*conturbatio.*
Der Plattenschrank.	*armarium discorum sonantium. discotheca.*
Das Fernsehen.	*(radio)televisio.*
Der Fernsehapparat.	*instrumentum (vel scrinium) (radio)televisorium [(radio)televisificum].*
Der tägliche Nachrichtendienst.	*nuntii cottidiani (vel cottidie relati, referendi).*

Das erste und zweite Frühstück

de ientaculo et prandio

Das (erste) Frühstück ist fertig.	*ientaculum paratum est.*
Wollen Sie mit uns frühstücken?	*ientabisne tu nobiscum?*
Haben Sie schon gefrühstückt?	*iamne ientasti?*
Wann frühstücken Sie gewöhnlich?	*quando soles ientare?*
Bitte, nehmen Sie Platz!	*assīde quaeso!*

Trinken Sie Tee oder Kaffee?	*sumesne theānam an arabicam potiunculam?*
Ich bitte um eine Tasse Kaffee.	*da quaeso arabicam!*
Hier ist Sahne und da ist Zucker.	*habes hanc crāmam, illud sacchărum.*
Bitte, bedienen Sie sich selbst!	*velim tu ipse sumas.*
Oder wollen Sie lieber eine Tasse Schokolade?	*an potionem ex theobrōmăte (vel ex faba mexicana) confectam mavis?*
Mach den Tee recht süß und gib einige Scheibchen Zitrone dazu.	*condi theam plurimo sacchăro et nonnullis orbiculis [māli] citrěi.*
Willst du Tee mit Rum?	*placetne thea cum vino Indico?*
Wie schmeckt Ihnen der Kaffee?	*dic, cuius saporis haec potio cafearia.*
Ist er stark?	*satisne valida est?*
Er ist vortrefflich.	*est optima mehercule.*
Er ist ziemlich schwach.	*aliquanto imbecillior est.*
Trinken Sie noch eine Tasse Kaffee?	*sumesne aliquid etiam cafeariae potionis?*
Nur eine halbe Tasse, wenn ich bitten darf.	*semiplenum dato (sc. potorium pōcillum), si commodum erit.*
Hier gibt es für mich nichts zu essen.	*hic nihil est, quod edam.*
Es ist ja Brot da.	*est panis.*
Ja, aber nur schwarzes Kleienbrot.	*est, sed ater et furfurĕus.*
Darf ich um ein Stück Weißbrot bitten?	*numquid tibi molestum erit dare panis siliginěi aliquantulum?*

Hier ist Roggenbrot, Weißbrot und Semmel.	*habes panem e secăli, e siligine factum, paniculos similaceos.*
Wenn du Brot ohne etwas dazu nicht magst, so iß einen Apfel dazu, oder, wenn du lieber willst, ein Stückchen Schweizerkäse.	*si fastīdis panem nullo addito obsonio, sumito malum vel, si males, casĕi Alpini aliquantulum.*
Hier ist die Butter.	*butȳrum (vel butūr) habe.*
Oder wollen Sie lieber Gelee bzw. Marmelade?	*An mavis iusculum e fructibus concretum vel pomarium liquamen?*
Ich esse am liebsten Brötchen dick mit Butter und Quittengelee.	*mihi imprimis placet panis butȳro et malis Cydoniis gelatis bene unctus.*
Hier sind dreierlei Eier (für euch): gekochte, Spiegeleier und Rühreier.	*habete triplex ovorum genus: elixa, assa, rudiculā peragitata (commixta, versata).*
Sie sind alle ganz frisch, nicht über zwei Tage alt.	*omnia sunt recentissima, intra biduum nata.*
Wünschen Sie harte oder weiche Eier?	*visne concreta sint an fluida ova?*
Ich bitte um ein hartes Ei.	*da quaeso concretum ovum.*
Wünschen Sie ein Stück Schinken oder Roastbeef?	*visne de perna vel bubula tosta?*
Ein kleines Stück geräucherten Schinken n u r , wenn ich bitten darf.	*paululum fumosae pernae dato, nisi molestum erit* oder *da quaeso aliquantulum.*
Speck bekommt mir nicht.	*lardi esum non fero.*
Zweites Frühstück (gegen Mittag).	*prandium.*

Wir wollen frühstücken.	prandeamus.
Ich habe Hunger, Durst.	esŭrio, sĭtio.
Mein leerer Magen knurrt.	vacuus mihi venter crepĭtat.
Aus gewissen Gründen ziehe ich heute einen Brathering vor.	certis de causis hodie mālo aringum frīctum acēto perfusum.
Haben Sie warme Würstchen?	habesne tŏmācŭla ferventia? (Petron. 31, 11).
Ein Dutzend Austern, bitte.	peto duodecim ostrĕas.
Ragout fin.	gustum delicatum.
Wünschen Sie Beefsteak?	visne de carne bubŭla frustum assum?
Ja, wenn etwas Worcestersoße da ist.	peto, si gărum praesto est (NB. garum wurde jedoch aus Fischen bereitet).
Nehmen Sie vorlieb mit dem wenigen.	boni (gen. pretii) consulite haec pauca.
Langt zu, – Eier und (Kopf-Salat (Lattich)!	admovete manus ovis et lactūcis!
Ist Ihnen noch ein Stück westfälischer Schinken in Brotteig gefällig?	libetne pernae Cheruscae gausăpātae aliquid etiam sumere?[1]
Nein, ich danke Ihnen; ich bin satt.	benigne; iam satis est.
Was wünschen Sie zu trinken?	quid cupis tibi dari potandum?
Zuerst einen Apéritif, dann Trauben- oder Apfelsaft.	primum prŏpŏma[2], deinde sucum ex uvis vel mālis expressum.

---

[1] gausapātus eigtl. mit einem Fries (gausăpa) bekleidet.
[2] (Pall. 3, 32; griech. πρόπομα)

Einladung zum Essen ad cenam voco

Die Hauptmahlzeit.	cena.
Sie werden heute zu Hause speisen?	cenabis hodie domi?
Nein, außer dem Hause.	foris cenaturus sum.
Bei wem?	cedo apud quem?
Bei meinem Schwiegervater, meiner Schwiegermutter.	apud socĕrum meum, socrum meam.
Ich lade Sie also auf morgen zu Tische ein.	in crastĭnum igitur te ad cenam voco.
Ich bitte Sie, morgen bei mir zu speisen (dinieren).	cras ut mecum cenes oro.
Ich danke Ihnen; aber ich fürchte, es wird nicht gehen.	ago gratias; at vereor, ne non liceat.
Ich fürchte, ich kann nicht.	ut possim, metuo.
Wenn es irgend möglich ist, werde ich mich einstellen.	veniam, si modo licebit.
Warum soll es nicht möglich sein?	cur non licebit?
Wieso? Weshalb denn?	quid ita? quam ob rem?
Aus welchem Grunde?	quid causae?
Was kann Sie hindern?	quid obstiterit, quominus possis?
Ich muß zu Hause bleiben.	domi mihi manendum est.
Ich muß unbedingt zu Hause bleiben.	necesse est mihi domi manere.
Ich erwarte an dem Tage selbst einige Gäste.	aliquot ipse eo die convivas opperior.
Ein paar gute Freunde haben die Absicht, an dem Abend bei uns zu speisen.	aliquot amiculi constituēre ea vespera domi nostrae cenare.

Sonst würde ich gern kommen.	aliōqui libens venirem.
Jetzt kann ich beim besten Willen nicht.	nunc, ut maxime cupiam, non possum.
Aber wenigstens übermorgen müssen Sie zu Tische kommen, nächsten Donnerstag.	saltem perendĭno die ad cenam venias necesse est, die Iovis proximo.
Ich kann es nicht versprechen.	non possum polliceri.
Ich kann es Ihnen nicht bestimmt zusagen.	affirmare istud tibi non possum.
Ich kann es nicht fest versprechen.	promittere certum nequeo.
Ich komme, sobald es uns beiden gut paßt.	veniam, ubi utrique nostrum videbitur commodissimum.
Ich nehme Ihre Einladung dankbar an.	libenter me venturum promitto.
Aber bitte ja keine Umstände!	at cave quicquam paraveris praeter cottidiana.
Wer recht reichlich bewirtet wird, fühlt sich vielleicht an dem Tage recht angenehm davon berührt, aber am andern Tage hat er Kopfschmerz und verdorbenen Magen.	qui prolixe fuerit acceptus, eo die fortasse suaviter afficietur, sed postridie dolebit caput, crūdus erit stŏmăchus.
Sie werden am nächsten Tage nichts von verdorbenem Magen spüren.	tu postridie nullam cruditatem senties.

Zu Tische!   cenemus!

Der Tisch wird bereits gedeckt.	linteo iam insternitur mensa.

Das Mittagessen ist bereit.	*cena parata est.*
Wir wollen uns zu Tische setzen.	*discumbamus.*
Ich will niemandem einen Platz anweisen; möge sich jeder nehmen, welchen er will.	*ego nulli designabo locum; sumat sibi, quem quisque volet.*
Wer den Ofen gern hat, wird hier angenehm sitzen.	*qui delectatur igni, hic commodius accumbet.*
Wer gern Aussicht hat, mag sich hierher setzen.	*quem delectat prospectus, hic sedeat.*
Bitte, nehmen Sie hier auf der rechten Seite des Tisches Platz.	*tu quaeso dextrum hoc latus mensae occŭpa.*
Ich werde hier den Eckplatz nehmen.	*ego hunc angulum capiam.*
Das können wir nicht zulassen; Ihnen gebührt der Platz obenan.	*non patiemur; primus tibi debetur locus.*

Nun wollen wir nicht länger zögern. Bitte, setzen Sie sich.	*agite, satis morarum. accumbite, quaeso.*
Nun wollen wir es uns wohl sein lassen und für unser leibliches Wohl sorgen.	*vivamus nunc curemusque cŭtem (vel cŭticŭlam).*
Wir wollen uns gütlich tun.	*indulgebimus geniis. (sc. nostris).*
Weg mit den Sorgen!	*valeant curae!*
Sprich das Tischgebet.	*deum, quaeso, invŏca!*
Trag auf!	*appōne epulas!*
Wünsche (allen) wohl zu speisen!	{ *sit felix convivium!* *bene sit universo coetui!*
Aber wozu so viele Umstände?	*sed quid tantus apparatus?*
Es ist besser etwas zu viel als zu wenig.	*praestat aliquid superesse quam deesse.*
So war es nicht verabredet!	*haud ita convenerat!*

Die Suppe   de sorbitione

Möchten Sie Suppe?	*placetne sumere sorbitionem?*
Ich bitte darum.	*amabo.*
Ich danke, ich mache mir nicht viel daraus.	*benigne; haud ita grata mihi est.*
Die Suppe ist ausgezeichnet!	*haec sorbitio omni laude digna!*
Ich muß Ihnen mein Kompliment machen.	*non possum, quin maximopere te laudem.*
Es freut mich, daß sie Ihnen schmeckt.	*gaudeo te ea delectari.*

Sie machen sich meinetwegen so viele Mühe!	*tu multum laboris mea causa capis!*
Tun Sie gerade, als wenn Sie zu Hause wären!	*proinde agito, ac si domi sis tuae!*
Das ist ganz meine Absicht.	*istud iam plane mihi persuasi.*

Der Wein

de vino

Ich bin etwas durstig geworden.	*contraxi (vel collegi) aliquid sĭtis.*
Was trinken Sie lieber, Rot oder Weiß?	*utrum mavis, rubrum an candidum?*
Ich trinke beides gleich gern.	*equidem utroque iuxta delector.*
Auf die Farbe kommt es wenig an, wenn er nur gut schmeckt.	*parvi interest, quo sit colore, (dum)modo săpor placeat.* *parvi interest, quem habeat colorem, si săpiat bene.*
Ich wünsche Ihr Urteil zu hören, da Sie Kenner sind.	*iudicium tuum audire cupio, hominis harum rerum peritissimi.*
Dieser Moselwein hier ist gut, es scheint ein edler Wein zu sein.	*istud vinum Mosellanum notae est bonae, generosum videtur esse.*
Es ist ein Bernkasteler Doktor vom Jahrgang 1959.	*est Alberonis Castelli Doctor anni MCMLIX.*
Meine Frau zieht den roten Burgunder vor, weil er milder sei und ihr besser bekomme.	*uxor mea rubrum vinum Burgundinum praefert, quod lenius (vel mitius) et salubrius sit.*
Haben Sie einen Korkzieher?	*habesne tormentum cochlĕā-*

	tum extrācŭlŭm (cochlĕa Schnecke)?
Mach die Flasche auf! (Entkorke sie!)	*relĭne lagōnam!*
Ich habe sie aufgemacht.	*relēvi eam.*
Bowle: a) Gefäß; b) Getränk.	a) *crātēr(a); b) arōmatītes (-ae) m.* (ἀρωματίτης= Gewürzwein).
Heuriger Most.	*mustum hornum (=huius anni).*
Beim Weine.	*in vino.*
Während (wir) beim Weine saßen.	*per vinum.*

Geflügel, Braten, Nachtisch

de altilibus, assis, bellariis

Nun wollen wir sofort diesen Kapaun zerlegen (tranchieren)!	*quid cunctamur cāpum (vel cāpōnem) hunc discerpere?*
Wollen Sie lieber vom Flügel oder von der Keule?	*utrum mavis de ala an de poplitibus?*
Wie Sie wollen. Mir ist es einerlei.	*utrum vis, mea nihil refert.*
Bei diesem Geflügel gelten die Flügel für das Beste; bei dem andern hält man gewöhnlich die Keulen für wohlschmeckender.	*in hoc genere alis primae partes tribuuntur; in ceteris poplĭtes lautiores putat vulgus.*
Das ist ein leicht verdauliches Essen.	*hic cibus facillimus ad concoquendum.*

So zubereitet schmeckt das Essen gut.	hoc modo coctus placet cibus.
Es freut mich sehr, daß Sie mit dem ersten Gang zufrieden gewesen sind.	quod primo fuisti ferculo contentus, valde gaudeo.
Wünschen Sie lieber Kalb oder Lamm?	utrum de vitulīnis an de ovillis carnibus mavis?
Ich esse lieber Rind.	būbŭlis (sc. carnibus) magis delector.
Ich esse Schweinefleisch außerordentlich gern.	suillas carnes mirum in modum amo.
Die Soße ist wirklich fein.	ius est iucundissimum.
Nehme sich jeder, was das Herz begehrt.	sumat sibi quisque, quod gratum est animo.
Hier kommt das Hauptgericht unseres bescheidenen Mahles; es ist eine Hammelkeule (Vorderkeule), aber prima Qualität.	videtis huius cenulae summam (vel pompam, Martial X 31,4); armus est ovillus, sed exquisītus.
Wünschen Sie ein Stück Keule von dem Hasen hier?	vis de his leporīnis clunibus?
Oder wollen Sie lieber ein Stück Rücken?	an de tergo mavis?
Essen Sie gern Gänsebraten?	delectantne te anserīnae carnes?
Ja, ich esse ihn sehr gern.	non mediocriter me iuvant.
Mögen Sie etwas Gänseleber, die schon bei den Alten als besonderer Leckerbissen galt?	libetne de iecŏre anserino, quod apud veteres in deliciis cumprimis habebatur?
Gänsefett.	ădeps (gen. adĭpis) anserīnus (vel -a) (Plinius)

Möchte niemand mehr etwas essen?	libetne cuiquam quicquam amplius?
Nein, gar nichts.	nihil omnino.
Das war ja ein Essen mit drei Gängen.	cenam tribus fercŭlis praebuisti (Suet. Aug. 74).
Zuletzt der Nachtisch (das Dessert).	ad extremum mensa secunda (vel ĕpidīpnis, idis f. Petron, Mart., ἐπιδειπνίς).
Bringen Sie andere (kleine) Teller!	tolle cătīnos, affer catillos!
Nehmen Sie mein Messer weg; es ist heruntergefallen.	tolle cultrum meum, qui humi decĭdit.
Hier sind Käse und Butter, dort Früchte: Nüsse, Melonen, geröstete Kastanien, gelbe Pflaumen, eingemachte Birnen und Pfirsiche.	hic caseus būtȳrumque, illic fruges: nuces, melōnes (vel pepŏnes), castănĕae tostae, pruna cērĕa, condīta pira, persica.
Wenn wir satt sind, wollen wir in den Garten gehen.	placato stomacho ibimus in hortum.
Gesegnete Mahlzeit!	bene sit tibi! sit saluti! bene tibi vertat (sc. cena)!
Hier ist eine Zigarette.	ēn papȳrus fumifĕra (vel nicotiānum bacillum, tabāci bacillum).

Ein Spaziergang

de ambulatione

Wir wollen lieber vom Stuhle aufstehen und ein Stück spazieren gehen.	quin potius e sellis surgamus ambulaturi.
Wir wollen die jungen Damen mitnehmen.	ducamus nobiscum fēmĭnās.

de ambulatione

Ein kleiner Spaziergang wird uns Appetit machen.	*famem efficiet (vel acuet stomachum) ambulatiuncula.*
Nun, da wollen wir gehen!	*age, eamus ergo!*
Ja.	*eamus!*
Geh hin!	*i!*
Geh (fort)!	*abi!*
Wir wollen uns etwas beeilen.	*festinemus nonnihil!*
Gehen Sie voran!	*antecede! (vel i prae!)*
Ganz gern!	*ego vero libens!*
Gehen Sie mit mir!	*sequere me!*
Gut, ich gehe mit.	*age, te sequor.*
Nun gut, ich werde bald nachkommen.	*age, paulo post veniam.*
Er ist spazieren gegangen.	*abiit deambulatum.*
Spazieren? Wohin?	*deambulatum? quo?*
Er hat einen Ausflug aufs Land unternommen.	*rus excucurrit.*
Zu Fuße?	*pedibusne? (plur.!)*
Nein, im Auto.	*immo automatariā raedā (vel autoraeda).*
Mit der Straßenbahn.	*transviaria raeda.*
Er ist auf einem näheren Wege vorausgeeilt.	*alia via compendiaria antevertit.*
Ich kann nicht begreifen, daß es Leute gibt, denen es im Ruß und Rauch der Stadt gefällt, – jetzt da draußen alles voll Lenzeslust ist.	*nunc, cum omnia vernent et rideant, demiror esse, qui urbe fumosa delectentur.*
Man hat hier eine weite Aussicht!	*prospectus hic late patet!*
Wenn die Sonne sinkt, gewährt der Strom einen wunderschönen Anblick.	*supremo sole amnis aspectus oculos mirum in modum iuvat.*

Hier hat man Aussicht auf die Berge.	hinc prospectus est ad montes.
Ich sehe Weinberge (-gärten).	vitifĕros colles (vel vineas) video.
Wo denn?	ubĭnam?
In dem Tale hier vor uns. Sehen Sie nicht?	in hac valle obvia. videsne?
Ich kann es nicht erkennen; ich bin zu kurzsichtig.	illud discernere non possum; parum prospiciunt oculi mei.
Die Entfernung ist zu groß, als daß ich es erkennen könnte.	intervallum longius est, quam ut id cognoscam.
Hier haben Sie ein Fernglas!	en tibi telescopium!
Wie reizend nimmt sich die Farbe der Blumen aus!	quam blandus florum color!
Nun könnten Sie noch einen schönen Punkt auswählen.	superest, ut locum elĭgas amoenum.
Ja, ich will Ihnen einen Platz zeigen, wo weder schattiger Wald noch grüne Wiesen noch sprudelndes Wasser fehlt.	ego vero tibi locum ostendam, ubi nec nemŏris umbram nec pratorum viriditatem nec fontium scatĕbras desideres.

Der weite Weg hat mich müde gemacht.	*fessus sum de via.*
Gibt es in diesem Ortе einen Gasthof?	*estne in hoc vico deversorium publicum?*

Begegnung — de congressu

Wo kommen Sie her? – Wo wollen Sie hin?	*unde vĕnis? – quo tendis?*
Wo gehen Sie jetzt hin?	*quo tu nunc abis?*
Wo eilen Sie hin?	*quo nunc properas?*
Wohin so eilig?	*quo tu tam celeri gradu tendis?*
Wohin begeben Sie sich?	*quonam te confers?*
Wohin des Weges?	*quo nunc iter est?*
Wo wollen Sie denn gehen?	*quanam iturus es?* { *qua ibis?*
Hier. Dort. Über den Markt. Hier links.	{ *hac. illac. per fŏrum. hac ad sinistram.*
Dann begleite ich Sie.	*comitabor igitur te.*
Ich werde mich anschließen und Sie bis an Ihr Hotel bringen.	*assectabor et deducam te ad deversorium tuum.*
Machen Sie meinetwegen keine unnötigen Umwege.	*ne mea causa feceris viae tuae dispendium.*
Ich habe nichts zu tun und mache mir gern die Bewegung, vorausgesetzt, daß Ihnen meine Begleitung nicht lästig ist.	*nihil habeo, quod agam, nec sum piger, nisi tibi sim molestus comes.*
Es ist ein hübsches Stück (ziemlich weit) von hier.	*hinc longŭle est.*

Wo führt hier der Weg hin?	*haec via quo fert?*
Wir wollen diesen Weg hier einschlagen.	*hanc viam ingrediamur!*
Wir gehen geradeaus.	*recta (via) pergimus.*
Wir müssen dort hinüber!	*illuc transeundum!*
Hier will ich Lebewohl sagen.	*hic te superis commendo.*
Weiter dürfen Sie mich nicht begleiten.	*iam nolo me comiteris.*

Im Café

in thermopōlio

Guten Tag, Karl! Wie geht's?	*salve, Carŏle! quid agitur?*
Danke, ich bin zufrieden, und wie steht's mit dir?	*contentus sum, et quo loco sunt res tuae?*
Einmal so, einmal so.	*varia fortuna.*
Treten wir in dies Café ein und plaudern wir gemütlich miteinander!	*intremus in hoc thermopolium atque commode colloquamur inter nos!*
Was wünschen die Herren?	*quid optatis?*
Vielleicht ein Eisgetränk?	*fortasse nivatam potionem aliquam?*
Bringen Sie bitte einen Kaffee expreß!	*apporta, quaeso, potionem arabicam coram expressam!*
Mir aber Tee mit Zucker und Milch und etwas Gebäck, bitte!	*mihi vero theanam potionem saccharo lacteque condītam et crustulorum nonnihil, quaeso.*
Der Inhaber ist ein vortrefflicher, liebenswürdiger Wirt.	*thermopōla est caupo egregius gratiosusque.*

Eifrig bemüht er sich um alle Gäste.	*studiose omnibus praestat hospitibus operam.*
Junge Mädchen schlürfen Limonaden mit Strohhalmen.	*puellae vix adultae pōscas (vel citrīnas) sugunt stipŭlis.*
An kalten Wintertagen trinke ich hier oft eine Tasse ganz heiße Schokolade.	*frigidis hiemis diebus hic saepe ex mexicana făba (vel ex theobromate) potionem calidissimam sorbĭlo.*
Der Wirt schenkt ausgezeichnetes Bier aus.	*thermopola egregiam divendit cerevesiam.*
Er reicht auch leckere belegte Brötchen.	*far(c)ta pastilla sapore praebet iucundo (Bacci, Lex.³ p. 449).*
Er bietet guten Kognak an.	*bonam potionem Coniacensem offert.*
Viele Tageszeitungen, deutsche wie ausländische, und verschiedene illustrierte Zeitschriften stehen den Gästen zur Verfügung.	*multa acta diurna, et Germanica et externa, atque varii commentarii imaginibus luce pictis ornati in hospitum sunt potestate.*
Kellner, bitte die Rechnung!	*redde, puer, quaeso rationem!*
Karl, laß mich zahlen; ein ander Mal bist du dran.	*sine, Carole, me persolvere; alias tuae erunt partes.*
Sehr gütig; ich werde noch eine Tafel Schokolade für meine Frau und einige Leckereien für meine Kinder kaufen.	*benigne dicis; uxori theobromătis quadras et liberis nonnulla bellaria emam.*
Oh, der vorbildliche Familienvater!	*o patrem familias exemplarem!*

Im Friseurgeschäft	in tonstrina
Was wünschen Sie?	quid est, quod cupias?
Ich möchte mir die Haare schneiden lassen.	recīdas, quaeso, capillum meum!
Sie müssen ein wenig warten.	paulisper maneas necesse est.
Es geht nach der Reihe.	ordo servatur.
Bitte, geben Sie mir eine Zeitschrift!	id amabo, praebe mihi aliquem libellum periodicum!
Sie sind an der Reihe.	ordo te vocat.
Wie wünschen Sie die Haare geschnitten?	quemadmodum cupis capillum detondēri?
An den Seiten und hinten kurz (wörtlich: an den Schläfen und am Hinterkopf).	brevis fiat a temporibus et occipitio.
Wünschen Sie, daß das Haar gewaschen wird?	optasne, ut lavetur capillus?
Darf ich etwas Pomade in die Haare reiben?	licetne unguenti paulum crinibus illinere?
Nur so viel, daß die Haare festgelegt werden können.	tantum, ut crines queant comi.
Ich möchte mich auch rasieren lassen.	barbam quoque velim novacula radi.
Soll ich Ihnen das Gesicht mit einem Parfüm, z. B. mit Kölnisch Wasser einreiben?	osne confrĭcem aqua odorata, velut Agrippinensi?
Wollen Sie etwas mitnehmen?	ecquid domum vis auferre?
Geben Sie mir bitte ein Stück Toiletten- und ein Stück Rasierseife, außerdem zehn Rasierklingen!	da mihi, sodes, sāpōnes et lavatorium et rasorium, praeterea decem rasorias laminas.

Ich benötige einen neuen Rasierpinsel.

novo penicillo rasorio mihi opus est.

Ein Volksfest

de sollemni publico

Kommen Sie mit mir! Ich zeige Ihnen ein Volksfest. Das ist etwas Einzigartiges.
Wir betreten die engen Straßen einer aus Buden, Hütten und Baracken bestehenden kleinen Stadt.

mecum venias! Lŏcŭm celebritatis pŏpŭlāris, rem singularem, tibi monstrabo.
plătēas angustas oppidi tŭgŭriis, casis, tabernis compositi ingredimur.

Diese Stadt ist beweglich, sie ist transportabel; vor einer Woche war dieser Platz öd und leer, und nach einer Woche wird er wieder leer sein.
Aber heute herrscht hier das rege Leben zahlloser Men-

hoc oppidum mobile est et in alium locum transportari potest; ante octo dies haec area fuit vasta et vacua et post octo dies in vacuum redibit.
hodie autem innumerabiles homines curas cottidianas

schen, die die Sorgen des Alltags für einige Stunden vergessen wollen.	per paucas horas oblituri ibi versantur.
Auch wir wollen durch diese Straßen wandern!	nos quoque per has plateas ambulemus!
Da ist ein Marktschreier!	ecce circulator!
Treten Sie ein, treten Sie ein! In dieser Bude sehen Sie, was Sie noch nie gesehen haben.	intrate, intrate! In hoc tŭgŭrio aspicietis, quod adhuc nunquam aspexistis.
Was wird darin sein?	quid intus erit?
Vielleicht ein Wundermensch oder ein Wundertier.	fortasse miraculum hominis vel bestiae.
Die Welt will betrogen sein.	mundus vult decipi.
Dort sehen wir auf der Rampe seines Zeltes einen Ringkämpfer mit riesigem Körper und kräftigen Gliedern; er lädt mit einer Trompete zum Ringkampf ein.	illo loco in crĕpīdine tabernaculi luctatorem corpore maximo membrisque robustissimis videmus; tuba canens ad luctationis certamen invitat.
Auch andere Aufschneider schreien laut.	alii quoque nugatores magna voce clamant.
Ei! Hören Sie nicht verworrene Musik?	euge! Nonne audis sonos musicae perturbatos?
Da drehen sich hölzerne, hängende Pferde, und auf ihnen reiten Leute, die im Kreise herumbewegt werden.	ibi equi lignei pendentes gyrantŭr equisque homines vehuntur, qui in orbe(m) circumaguntur.
Vor jenem Zelt werden allerlei Süßigkeiten und Näschereien angeboten.	ante illud tentorium cuppēdiae et dulcedines variae offeruntur.

Oho! Schauen Sie dorthin! Da ist eine Schaukel, auf der sich kichernde Menschen hin- und herschwingen.	*proh! Illuc specta! Ibi oscillum est, quo homines cachinnantes iactantur.*
Hier sehen wir eine Weinkneipe, dort eine Bierwirtschaft und überall zechende und frohe Menschen.	*hoc loco vini tabernam videmus, illo loco cervēsiae cauponam et ubique homines bibentes et laetantes.*
Ein solches Fest ist zwar besonders für die Jugend geeignet; aber auch das gesetzte Alter freut sich gern hier eine Stunde in Erinnerung an frühere Zeiten.	*quamquam tale sollemne imprimis ad iuventutis usum aptum est, tamen temperata quoque aetas temporum praeteritorum memor hoc loco libenter per horam quandam exsultat.*

Vom Finanzamt zur Bank

ex sede officii fiscalis ad argentariam mensam

O weh! Ich Armer!	*heu me miserum!*
Woher kommen Sie?	*unde venis?*
Vom Finanzamt.	*a sede officii fiscalis.*
Ich habe dort erfahren, daß ich unverzüglich eine höhere Vermögenssteuer entrichten muß, als ich angenommen hatte.	*ibi maius tributum ex censu, quam putaveram, statim mihi esse persolvendum comperi.*
Ich bin vor kurzem bestraft worden, weil ich die Einkommensteuer nicht termingerecht bezahlt hätte.	*equidem nuperrime, quod tributum ex reditibus intra diem certam non solvissem, multatus sum.*

Zahlen Sie den Rest in Raten!	residuum per partes ratas solve!
Das ist mir nicht gestattet worden.	id mihi non est concessum.
Ich habe nicht bar, sondern mit einem Scheck bezahlt.	non nummis praesentibus, sed pecunia perscripticia solvi.
Ich hoffe, daß die Rheinische Bank mir gegen Pfand das nötige Geld leihen wird.	Argentariam Rhenanam mihi sub pignore pecuniam necessariam credituram esse spero.
Ich habe dort Aktien und Obligationen im Depot liegen.	ibi collatae pecuniae syngraphae et nomina publica a me sunt deposita.
Ich verwahre auch einige Juwelen im Safe.	nonnullas quoque gemmas in thesauro argentariae habeo repositas.
Sind Sie Börsenspekulant?	esne fori argentei aleator?
Ist die Rheinische Bank eine Aktiengesellschaft?	Argentaria Rhenana estne societas collocatae pecuniae?
Ebenso wie die anderen Großbanken.	pariter atque ceterae mensae magnae.
Kommanditgesellschaft.	societas commendatoria.
GmbH.	societas sponsionis limitatae.
Wie groß ist das Grundkapital?	quantus est eius fundus pecuniarius?
30 000 000 Deutsche Mark; damit haftet die Bank.	trecenties centena milia marcarum Germanicarum; qua re spondet mensa.
Haftung.	sponsio.
Die Bundesbank bringt das Papiergeld und die Münzen in den Verkehr.	Foederalis Mensa Publica nummarias chartulas et nummos edit.

Sie überwacht den Geldumlauf.	*pecuniis commercandis commutandisque invigilat.*
Sie nimmt gute Wechsel von Banken an.	*bonas pecuniae syngraphas a mensis accipit.*
Sie setzt die Höhe des Wechseldiskonts fest.	*magnitudinem deductionis syngraphae constituit.*
Bankscheck.	*perscriptio.*
Dividende.	*lucri portio.*
Sparbuch.	*libellus pecuniae.*
Sparkasse.	*aerariŭm pecūlii (cum ūsūrā) conficiendi.*
Panzerschrank (Geldschrank)	*armarium nummarium (vel loricatum).*
Geldwechsel (Wechselstube).	*(publica) pecuniae (vel nummorum) permutatio.*
Geldwechsler.	*nummularius.*
Kassierer.	*arcarius (vel dispensator)*
Aufgeld (Agio).	*collÿbus, i m.*
Italienische Lire.	*nummi Italici (vel libellae Italicae).*
Englische Pfunde.	*libellae Anglicae.*
Dollar.	*nummus Americanus.*
Aufwertung.	*revaloratio.*

Auf dem Bahnhof

in ferratae viae statione

Hier sind wir auf dem Bahnhof!	*nos hic in statione ferriviaria!*
Wir sind rechtzeitig da.	*in tempore adsumus.*
Die Bahnangestellten helfen den Reisenden mit großer Freundlichkeit.	*ferratae viae addicti magna cum comitate adiuvant viatores.*

Rufen Sie, bitte, einen Gepäckträger!	*advoca, quaeso, gerulum!*
Sagen Sie mir, bitte, wo man Fahrkarten bekommt!	*dic mihi, quaeso, ubi tesserae viatoriae veneant!*
Der Fahrkartenschalter ist rechts vom Eingang.	*tesserarum diribitorium dextra a parte introitus est.*
Bitte eine Rückfahrkarte erster Klasse für den Schnellzug.	*itus et reditus tessĕram ordinis primi peto hamaxostĭcho citissimo.*
Wohin denn?	*quonam?*
Nach München.	*Monăcum.*
Personenzug.	*hamaxostichus communis.*
Eilzug.	*hamaxostichus citus.*
Expreßzug (Fernschnellzug).	*hamaxostichus rapidus.*
Wir müssen durch die Unterführung gehen.	*per cuniculum nobis est eundum.*
Da ist der Stationsvorsteher!	*ecce stationis praepositus!*
Ist der Zug nach München noch nicht angekommen?	*nonne hamaxostichus Monacensis advenit?*
Er wird ungefähr fünfzehn Minuten später als gewöhnlich einlaufen.	*plus minus quindecim minūtis solito serius intrabit.*
Dann habe ich noch viel Zeit.	*quae cum ita sint, multum mihi erit temporis.*
Inzwischen will ich mir eine Zigarette anzünden.	*interea nicotianam succendam fistulam.*
O weh! ich habe mein Feuerzeug zu Hause gelassen.	*eheu, igniarium domi est relictum.*
Kaufen Sie sich doch Zündhölzer in der Bahnhofswirtschaft oder bei dem Verkäufer dort!	*fac emas ramenta sulphurata vel in stationis caupona vel de isto institore!*
Sehen Sie diese Dampfloko-	*videsne istam machinam*

motive da mit dem Kohlentender?	vectoriam (vapore actam) cum plaustro carbonario?
Solche Maschinen werden zur Zusammenstellung von Zügen gebraucht.	tales machinae ad agmen curruum componendum usurpantur.
Personenwagen.	viatorum currus.
Gepäckwagen.	currus sarcinarius (vel onerarius).
Speisewagen.	currus cenatorius (vel escarius).
Schlafwagen.	currus dormitorius.

Post und Telegraph

de cursu publico et telegrăpho

Hast du keinen Brief bekommen?	{ nihilne litterarum accepisti? nullaene tibi sunt redditae litterae?
Ich habe keinen Brief erhalten.	litterarum nihil accepi.
Geld wäre mir lieber als ein Brief.	equidem pecunias accipere malim quam litteras.
Der Brief kann meinetwegen bleiben, wo er will, wenn nur das Geld kommt.	nihil moror litteras, argentum modo veniat.
Frage den Briefträger, ob er einen Brief für mich hat.	interrŏga tabellarium, quid mihi habeat litterarum.
Da haben Sie einen Brief!	cape epistulam!
Er ist mit mehreren 20-Pfennig-Marken frankiert.	pluribus pittaciis cursualibus (vel vehiculariis) vicenariis munita est.
Mach den Brief auf!	solve (vel aperi) epistulam!

Was steht in dem Briefe?	*quid hae loquuntur litterae?*
Ich kann es nicht entziffern.	*non possum has nŏtas dinōscere.*
Ich kann es. Ich habe lange mit ihm korrespondiert.	*ego possum; diu enim cum eo per litteras collocutus sum.*
Eben habe ich ein Telegramm bekommen; meine Schwester hat sich verlobt.	*modo mihi nuntiatum est telegraphice sororem meam esse desponsam.*
Ich werde ihr sogleich brieflich (telegraphisch) gratulieren.	*statim per litteras (per telegraphum) ei gratulabor.*
Depesche.	*citissimus nuntius.*
Soll ich es unserem Freunde telephonieren?	*visne amico nostro telephonice nuntiem?*
Unser Telegraphenamt ist im Postgebäude.	*sedes nostra telegraphica (vel telegraphīum) est in publico epistularum diribitorio.*
Gib diesen eingeschriebenen Brief auf die Post und bezahle dabei g l e i c h die Radiogebühren für 3 Monate.	*ad epistularum diribitorium perfer hanc epistulam commendatam et s i m u l solve stipem radiophonicam trium mensum (mensium, mensŭŭm).*
Steck den Brief in den Briefkasten.	*in publici cursus capsulam epistulam demitte!*
Die Posttarife sind erhöht worden.	*publici cursus pretia aucta sunt.*
Drahtlose Telegraphie.	*radiotelegráphĭa.*
Luftpost.	*epistula aëriā viā missa.*
Der Fernschreiber.	*machina telegraphica.*
Die Briefmarke.	*pittacium cursale (vel p. vehicularium)*

Einen Brief frankieren.	*epistulam pittacio vehiculario munire.*
Die Postkarte.	*charta (vel chartula) cursualis.*
Die Ansichtskarte.	*publici cursus chartula (vel scidula) lucis ope picta.*
Der Briefumschlag.	*involucrum.*
Die Postanweisung.	*nummarium publici cursus mandatum (vel nummaria c. p. chartula vel scidula).*
Der Poststempel.	*sigillum (vel signum) cursuale (vel vehicularium).*
Der Briefmarkensammler.	*philatelista.*
Die postfrische Briefmarke.	*pittacium integrum.*
Die gestempelte Briefmarke.	*pittacium signatum.*
Die Sondermarke.	*pittacium peculiare.*
Wohlfahrtsmarken.	*pittacia beneficialia.*
Briefwechsel.	*commercium epistulare.*
Das Briefmarkenalbum mit vorgedruckten Feldern.	*libellus albarum paginarum laqueatarum.*

Auf Reisen

in itinĕre

Er ist verreist.	⎰ *peregrinatur.*
Er ist auf der Reise.	⎱ *perĕgre est.*
Er hat daheim eine Frau in den besten Jahren und eine Anzahl Kinder.	*domi habet uxorem intĕgra adhuc aetate et aliquot liberos.*
Was machen denn die inzwischen?	*quid illi agunt interim?*
Sie sind in der Sommerfrische.	*rusticatum abierunt.*

Was machen Sie hier?	*quid tu hic agis?*
Ich will mir die Schweiz ansehen.	*Helvetiam lustrabo.*
Wir suchen Erholung.	*relaxationem animi quaerimus.*
Wir müssen sofort abreisen!	*e vestigio proficiscendum est nobis!*
Woher kommt Ihr?	*unde venītis?*
Von Brindisi. – Von Korfu.	*Brundisio venīmus. – Corcȳra.*
So weit her?	*e tam longinquo?*
Jawohl.	*sic est.*
Gibt es dort wohl etwas Sehenswertes?	*estne illic, quod tu putes spectatu dignum?*
Da fragen Sie danach? Korfu ist ein Paradies!	*heus quid tu? Corcyra est quasi Elysium!*
Nirgends in der Welt ist eine Nation gastfreundlicher.	*nusquam terrarum homines hospitaliores.*
Aber wie sind die Hotels?	*sed deversoria qualia?*

Die ʿΩραία (= schön) Βενετία auf Korfu ist ersten Ranges.	deversorium Corcyraeum, quod dicitur ‚Bella Venetia', est eximium.
Waren Sie seekrank, als Sie von Brindisi hinüberfuhren?	nauseastine, cum Brundisio transvehereris?
Ja. D a s Adriatische Meer ist d o c h stürmisch.	non sine nausea navigavi. n e m p e turbidum Hadriaticum(mare).
Aber an die ausgestandenen Mühen denkt man g e r n zurück.	sed i u c u n d u m est meminisse laborum actorum.
Auch d a s Angenehme hat eine Reise, daß es einem daheim dann um so besser g e f ä l l t.	hoc quoque commoditatis habet peregrinatio, quod dulcior est postea domus.
Wie lange sind Sie s c h o n aus dem V a t e rhause fort? [Dagegen: die M u t t e r sprache	quantum temporis afuisti a m a t e r n i s aedibus? sermo p a t r i u s].
Schon beinahe ein halbes Jahr.	iam sex ferme menses.
Wo waren Sie so lange?	ubi tam diu peregrinatus es?
Ich habe in Berlin studiert.	Berolini l i t t e r i s cognoscendis studui.
Grüßen Sie alle meine Freunde von mir!	meo nomine (vel meis verbis) salutes omnes amicos meos!
Soll geschehen!	id quidem fiet.
Glückliche Reise!	bene ambula!
Auf Wiedersehen!	bene vale!

Die Sommerreise — de itinĕre aestivo

Wohin reisen Sie diesen Sommer?
quo hac aestate profecturus es?

Ich weiß noch nicht, ob ich in den Harz oder an die See gehe.
nondum scio, utrum in Silvam Hercyniam an ad litus maris proficiscar.

Kennen Sie Nord- und Ostsee?
novistine mare Germanicum et mare Balticum?

Erstere ist stürmischer, letztere ruhiger; erstere hat Ebbe und Flut, letztere ist fast ohne Gezeiten.
illud turbulentius, hoc placidius est; illud aestuum recessum et accessum habet, hoc his commutationibus paene caret.

Seebäder sind sehr gesund.
lavationes in mari factae saluberrimae sunt.

Die Inseln erreicht man auf Dampfern.
insulas navibus vapore motis (vel vaporariis) petimus.

Auch der Harz um den Brocken ist herrlich.
Silva Hercynia quoque circa montem Bructerum sita praeclara est.

Da kann man sich in den dichten Wald zurückziehen.
ibi in silvam densam nos abstrudere possumus.

Dann komme ich erst am Abend wieder heraus.
tum inde non exeo ante vesperum.

Nichts ist mir zuträglicher als die Einsamkeit.
nihil mihi salubrius est solitudine.

Das ist die wahre körperliche und geistige Erholung.
ea vera corporis et animi relaxatio est.

Nirgends fehlen hier schatti-
nusquam ibi desunt nemoris

ger Wald, grüne Wiesen und sprudelndes Wasser.	umbra, prata vĭrĭdia, fontium scătĕbrae.
Ich stehe gewöhnlich sehr früh auf.	prima luce resurgere soleo.
Dann mache ich einen Waldspaziergang.	tum in silva ambulo.
Der Reiz der Gegend liegt in der Schönheit der Hügel und Täler.	regio pulchritudine collium et vallium amoenissima est.
Aber die Natur allein befriedigt mich doch nicht; Bücher und Zeitungen muß der Geist auch haben.	nec tamen natura sola mihi satisfacit; libris quoque et ephemeridibus animus eget.
Ich schlafe nachts bei offenem Fenster, um immer frische Luft zu haben.	noctu fenestris apertis dormio, ut respirans semper āere recenti utar.
Ich hoffe bald an Leib und Seele gestärkt in die Heimat zurückzukehren.	me mox corpore animoque corroboratum domum reversurum esse spero.
Ich weiß genau, dann wird mir die Arbeit des Tages besser schmecken als vorher.	tum officia diurna mihi maiori gaudio quam antea fore certo scio.

Im Schlafzimmer (Hotel) · in cubiculo dormitorio

Das Schlafzimmer.	cubĭculum dormitorium.
Ich bin gestern lange aufgewesen.	vigilavi heri diu.
Ich bin von der Reise müde und will eiligst zu Bette gehen.	ex itinĕre lassus petam lectum.

Warte, bis die anderen auch schlafengehen.	*exspecta, dum ceteri eant cubĭtum.*
Wie reinlich es hier zugeht!	*quanta hic mundities est!*
Das Bettuch ist sauber, und auch die Kissen sind frisch überzogen.	*linteum lautum est et pulvīni quoque recentibus involū- cris sunt inducti.*
Ein ganz modernes Hotel! Fließendes kaltes und warmes Wasser in allen Zimmern!	*deversorium novum elegans- que cum aqua frigida et calida in omnibus concla- vibus fluente!*
Wir wollen zu Bette gehen!	*cubĭtum eamus!*
Wo ist mein Nachthemd (Pyjama)?	*ubi est tunica (vel vestis) mea nocturna?*
Der Portier weckt.	*ianĭtor nos excitabit.*
Hier ist der Lichtschalter.	*hic lumen electricum exstin- guitur.*
Das Bett ist schlecht gemacht.	*lectus male stratus est.*
Ich kann nicht einschlafen.	*somnum capere non possum.*
Er schläft schon fest.	*iam artē dormit.*
Hast du die Tür (Zimmer- tür) zugeriegelt?	*obserastīne ostium?*
Wer klopft an die Tür?	*quis pulsat ostium?*
Mach die Tür (das Fenster) zu!	*ostium (fenestram) claude!*
Mach die Tür auf!	*ostium apĕri!*
Ich will das Fenster nur ein klein wenig aufmachen.	*aperiam rimam fenestrae.*

Mitten auf der Bundes- straße

media in via primaria

Wieviel Kilometer sind es bis zur nächsten Stadt?	*quot chiliómetra sunt usque ad proximum oppidum?*

Annähernd zwanzig.	*ad viginti.*
Gibt es dort eine Garage?	*estne ibi autovehiculorum statio?*
Gleich bei den ersten Häusern.	*prima inter ipsa aedificia.*
Gibt es hier in der Nähe eine gute Reparaturwerkstatt?	*estne in propinquo (vel proximo) officina vehiculis sarciendis?*
Soviel ich weiß, nein.	*quantum scio, non est.*
Mein Tank ist fast leer.	*benzīni receptaculum meum vacuum fere est.*
Seien Sie so liebenswürdig und überlassen Sie mir etwas Benzin!	*da mihi hanc veniam, ut tradas mihi paulum benzīni!*
Wieviel brauchen Sie?	*quanto eges?*
Wenn möglich, fünf Liter.	*des quinque litra, si poteris.*
Sehr gern.	*libentissimo animo.*
Einer meiner Reifen ist beschädigt.	*unus ex canthis pneumaticis (vel cummeis) est laesus.*
Werden Sie mir Ihren Wagenheber einige Minuten leihen?	*commodabisne mihi trochleam paucas minutas?*
Auch den Schraubenzieher?	*etiamne capulum cochleis (con)torquendis?*
Die Luftpumpe.	*antlia pneumatica.*
Allerherzlichsten Dank.	*gratias ago quam maximas.*
Die Straße ist an zwei Stellen gesperrt.	*duobus locis via est praeclusa.*
Sie werden zweimal einen Umweg über Seitenstraßen machen müssen.	*bis obliquis itineribus cogēris circumire.*
Nochmals besten Dank. Alles Gute!	*iterum gratiam maximam. Optima quaeque tibi precor.*

In der Reparaturwerkstatt　　**in officina vehicŭlis sarciendis**

Arbeiten Sie heute noch lange?	*laborabitisne diu hodie?*
Um sechs Uhr schließen wir.	*sexta hora officinam claudemus.*
Morgen früh werden wir Ihren Wagen genau untersuchen.	*cras mane accuratissime perquiremus vehiculum tuum.*
Vor allem prüfen Sie die Bremsen, die Lenkung und die Kühlung.	*imprimis velim sufflamina (vel frenos), axem moderaminis, refrigeratorium inspiciatis.*
Gegenüber dem Rathaus ist eine große Garage.	*curiae adversum magna autoraedarum statio est.*
Dort werden Wagen aller Art aufgenommen.	*ibi vehicula omne genus collocantur.*
Kraftwagen (Automobil)	*automataria raeda (vel autoraeda, autovehiculum)*
Limousine.	*automataria carruca.*
Kilometerzähler.	*itineris metiendi index.*
Tachometer.	*velocitatis index.*
Lastauto.	*autocurrus, automatarius currus (vel plaustrum automatarium).*
Reiseomnibus.	*automatarium petorritum.*
Überlandomnibus.	*automătum Pullmannianum.*
Kraftfahrer.	*autoraedarius.*
Panzerwagen.	*automatarius covinnus (vel currus armatus, ignivŏmus).*

Wie geht's (körperlich, beruflich)?	quid agis? (de valetudine, de arte)
Wie geht's?	quid agis?
Geht es gut? (körperlich)	valesne?
Ich frage nicht, wie es Ihnen geht; man sieht es Ihnen an, daß Sie sich ganz wohl befinden.	non interrogo, ut valeas, nam facies ipsa loquitur te belle valere.
Geht es gut? (wirtschaftlich).	satin' salvae? (sc. sunt res tuae?)
Ich bin zufrieden.	rebus meis contentus sum.
Wie geht es im Geschäft (im Berufe)? Sind Sie zufrieden?	quo pacto se res habent tuae? satin' ex sententia?
Geht es Ihnen gut?	satin' salva omnia?
Geht es nach Wunsch?	satisne prospera omnia?
Es k ö n n t e gar nicht schlechter gehen.	res in peiore statu esse non p o t e s t.
Ich fühle mich unglücklich.	aegre est mihi.
Sie haben Ihr Ziel nicht erreicht?	non consecutus es, quod volebas?
Ist keine Hoffnung mehr?	nihil reliquum est spei?
Hoffnung viel, aber nichts Reelles.	spei permultum, sed rei nihil.
Also muß man sich mit der Hoffnung trösten.	ergo spe alendus est animus.
Aber davon wird man nicht satt!	neque tamen hac saginatur venter! (saginare mästen).
Wohin gehen Sie jetzt von hier aus?	quo nunc hinc abis?
Geradesweges nach Hause.	rectā domum.

Ich wünsche, daß Sie dort alles wohl antreffen mögen.	*precor, ut illic offendas omnia laeta.*
Gott gebe es!	*utinam ita velit Deus!*

Übelsein

de valetudine mala

Sind Sie ganz wohl?	*rectēne vales?*
Leider nicht!	*vellem quidem!*
Nicht gerade nach Wunsch.	*non admodum ex sententia.*
So leidlich.	*sic satis.*
Nicht zum besten.	*non optime sane.*
So schlecht wie noch nie.	*sic, ut antehac peius numquam.*
Es geht mir wie immer.	*valeo, ut solitus sum.*
Wie befinden Sie sich?	*quomodo vales?*
Weniger gut als ich wünschte.	*secus quam vellem.*
Wie steht es mit Ihrer Gesundheit?	*qua valetudine es?*
Nicht recht gut.	*parum prosperā.*
Erträglich.	*tolerabili.*
Sehr mäßig.	*vix mediŏcri.*
Schlecht.	*malā (vel adversā).*
Nicht gut.	*haud sane commodā. (vel incommodā).*
Unsicher.	*dubiā.*
O weh!	*quod avertat Deus! bona verba!*
Verlieren Sie nur den Mut nicht!	*bono sis animo oportet!*
Er hat den Husten.	*tussit.*

de valetudine mala

Um Gottes willen, was ist Ihnen?	*amabo, quid tibi est?*
Ich will einen Arzt holen.	*arcessam medicum.*
Wie ist Ihnen zumute?	*quid tibi animi est?*
Der Fuß tut mir so weh!	*pes mihi dolet.*
Die Schmerzen lassen nach.	*dolores remittunt.*
Welcher Art ist das Leiden?	*quod mali genus est?*
Was hast du für eine Krankheit?	*quid habes morbi?* *qui te tenet morbus?* *quo morbo tenēris?*
Ich weiß es nicht.	*nescio.*
Hast du noch keinen Arzt befragt?	*nullumne consuluisti medicum?*
O ja, viele.	*equidem multos.*
Und was meinen sie?	*quid respondent?*
Der eine sagt so, der andere so; aber darin sind sie alle einig, daß ich übel daran bin.	*alius aliud dicit; neque quisquam me miserum esse negat.*
Wie lange ist es schon her, daß du von dem Leiden befallen bist?	*ex quo tempore hoc morbo affectus es?*
Ungefähr drei Wochen.	*dies plus minus viginti.*
Fast vier Wochen.	*ferme mensis est.*
Schon über acht Wochen.	*iam tertius est mensis.*
Wodurch glauben Sie sich das Leiden zugezogen zu haben?	*unde suspicaris hoc esse collectum mali?*
Er hat geniest.	*sternuit.*
Er niest in einem fort.	*sternūtat.*
Zur Gesundheit!	*salve!*
Ihr Wohlsein!	*sit faustum ac felix!*
Helf' Gott!	*bene vertat Deus!*

Ich habe den Stockschnupfen.	nares gravedine vexantur.
Ich denke, es kommt von Erkältung.	e perfrīctione natum (esse) arbitror.
Doch nicht etwa vom vielen Kneipen?	vide, ne ex potatione largiore!
Nimm ein Abführmittel.	sume, quod alvum deiciat!
Nein, ich muß vielmehr stopfen, denn ich habe Durchfall.	immo sistat, nam plus, quam satis est, profluit.
Er ist schwer krank. Er ist schwer erkrankt.	gravi morbo aeger est (Liv. 42, 28, 11) vel gr. m. implicatus est.
Er ist teilweise gelähmt.	parte membrorum captus est.
Er ist völlig gelähmt.	omnibus membris captus est.
Ich befinde mich ganz wohl.	bene est (mihi).
Es geht mir besser.	melius mihi est.
Es geht mir ein wenig besser.	meliuscule mihi est.
Ich bin wieder gesund.	melius mihi est factum.
Ich bin immer gesund gewesen.	semper prospera (vel bona) valetudine sum usus. usque adhuc integra valetudine fui.
Das freut mich zu hören.	laetus (vel haud invitus) istuc audio.
Gott gebe, daß es immer so bleibt.	faxit deus, ut istuc sit perpetuum.
Das freut mich außerordentlich von Ihnen zu hören.	est istuc mihi auditu perquam iucundum.
Ich danke Gott dafür.	gratiam habeo Deo.

Im Sprechzimmer eines Arztes

Wer ist an der Reihe?
Kommen Sie herein!
Sie sind zwar nach mir gekommen, aber bitte, gehen Sie vor mir hinein; Sie sehen matt aus. Ich kann warten.
Gut! Danke!
Was fehlt Ihnen?
Ich weiß es nicht; ich habe Magen- und Darmschmerzen.
Sie sehen blaß aus, Sie scheinen blutarm zu sein.
Welche Krankheiten haben Sie durchgemacht?
Fast alle Kinderkrankheiten habe ich gehabt: Keuchhusten, Rachitis, Masern, Scharlach und öfters auch Mandelentzündung.
Sind Sie schon einmal operiert worden?
Nach einer glücklich überstandenen Blinddarmentzündung ist mir der Blinddarm herausgenommen worden.
Ich werde Sie etwas gründlicher untersuchen.

in medici conclavi consultationum

quisnam sequitur?
intra!
quamquam post me advenisti, tamen, quia languidus esse videris, quaeso ante me intra! Opperiri me non piget.
bene! Gratias!
quo morbo laboras?
nescio; stomăcho visceribusque doleo.

pallidus es; sanguine recte composito egere videris.
quibus es morbis perfunctus?

omnes fere morbos transii pueriles: tussi clangosa, rhachitĭde, morbillis, scarlatīna, saepius tonsillis inflammatis laboravi.
iamne aliquando scalpello es sectus?
appendicitĭde bene superata fundulus exsectus est.

rem paulo accuratius explorabo.

Ziehen Sie sich aus!	*vestem exue!*
Ich will Ihre Brust perkutieren.	*pectus tuum sono digiti vel malleoli explorabo.*
Auch Ihre Herztöne will ich abhören.	*cordis quoque sonos scrutabor.*
Setzen Sie sich, bitte!	*assidas velim!*
Atmen Sie tief ein und aus!	*profundē aërem respira et redde!*
Ihre Herztöne sind normal.	*Soni cordis tui naturae respondent.*
Auch Ihre Lunge ist gesund.	*pulmones quoque sani sunt.*
Seit wann leiden Sie am Magen?	*quando stomacho laborare coepisti?*
Seit einer Woche.	*ante octo dies.*
Und Sie haben seitdem weniger Hunger?	*et inde ab illo tempore fames tua minuta est?*
Jawohl!	*minuta est.*
Galle und Leber scheinen in Ordnung zu sein. Doch werde ich, wenn Ihre Magenbeschwerden nicht bald verschwinden, auch Ihren Unterleib untersuchen.	*bilis et iecur sana esse videntur. Sed, nisi stomachus brevi salvus erit, ventrem quoque perscrutabor.*
Ich fürchtete schon, daß ein Krebsgeschwulst sich entwickle.	*iam timebam, ne carcinōma oreretur.*
Dafür sind auch nicht die geringsten Anzeichen vorhanden.	*ne minimae quidem notae carcinomătis exstant.*
Sie scheinen an einer leichten Schleimhautentzündung zu leiden (Gastritis).	*levi stomachi inflammatione videris laborare.*

Vielleicht wird eine Röntgenuntersuchung nötig sein.	*fortasse per radios Roentgenios ventrem opus erit introspicere.*
Vorläufig wollen wir einmal versuchen, die Verdauung in Ordnung zu bringen, und ich werde Ihnen hierfür eine Medizin aufschreiben.	*interim stomachum ad cibos concoquendos stimulabo, quam ad rem efficiendam medicamentum tibi praescribam.*
Da ist das Rezept! Dreimal täglich vor dem Essen zwanzig Tropfen in Wasser zu nehmen. Das Mittel ist in den Apotheken vorrätig.	*en scida officinalis! Ter cottidie ante cenam viginti guttae acqua dilūtae sumendae sunt. Hoc remedium in pharmacopoliis suppetit.*
Danke! Wann soll ich wiederkommen?	*gratias ago; quando mihi reveniendum est?*
In einigen Tagen, falls keine Verschlimmerung eintritt, was ich nicht glaube. Vielmehr wird sich Ihr Appetit heben.	*intra paucos dies, nisi res in peius mutabitur, quod futurum esse non puto. Quin potius cupiditas tua edendi augebitur.*
Leben Sie wohl!	*vale!*

Am Krankenbett

ad aegroti lectum

Wie haben Sie geschlafen?	*quomodo dormivisti?*
Danke, schlecht.	*gratias, male.*
Bitte, Ihren Puls!	*pulsum arteriarum quaeso porrige!*
Er ist noch stark beschleunigt, aber kräftig und regelmäßig.	*etiam nunc valde acceleratus est, sed firmus et aequalis.*

Haben Sie den Prießnitzschen Umschlag nach meinen Angaben gemacht und ordentlich dabei geschwitzt?	*involvistine fomento Priessnitiano corpus praecepta mea secutus involutusque valde sudavisti?*
Jawohl!	*feci et sudavi!*
Haben Sie gestern abend die Temperatur gemessen?	*num heri vespertino tempore corporis calorem mensus es?*
Und auch heute früh?	*et hodie quoque matutino tempore?*
Jawohl!	*mensus sum!*
Sehen Sie! Heute einen ganzen Grad weniger. Das ist die normale Kurve.	*ecce! Calorem toto gradu minorem hodie cognoscimus, quod naturae conveniens est.*
Das Fieber wird voraussichtlich heute abend noch einmal steigen, aber die Krankheit ist im Abklingen.	*febris hodie tempore vespertino fortasse augebitur; morbus autem diminuetur.*
Ich komme morgen noch einmal wieder.	*cras iterum revertar.*
Voraussichtlich dürfen Sie in den nächsten Tagen aufstehen.	*proximis diebus te resurgere posse existimo.*

Eine Operation

de sectione chirurgica

Ich glaube nicht, Ihren Finger gänzlich retten zu können; Sie sind zu spät zu mir gekommen.	*totum digitum tuum a me conservari posse non puto; sero ad me venisti.*

de sectione chirurgica

O weh! Muß er abgenommen werden?	*vae mihi! Num amputandus est?*
Zum Glück ist's die linke Hand.	*bene accidit, quod est manus sinistra.*
Trösten Sie sich also!	*ergo solacio utaris!*
Aber die Fingerspitze ist schon vereitert.	*sed extremus digitus sanie iam deletus est.*
Sehen Sie, da kommt Eiter heraus.	*ecce, pus emānat.*
Sie wollen doch keine Blutvergiftung bekommen?	*num sanguinem infīci vis?*
Also Mut!	*ergo bono sis animo!*
Sie haben gewiß tüchtige Schmerzen, von denen ich Sie befreien will; die Operation selbst aber wird ziemlich schmerzlos sein.	*te magnis doloribus cruciari puto, quibus te liberabo; ipsa autem resectio paene sine doloribus fiet.*
Einen Moment! Ich telephoniere einem Kollegen, der in ganz kurzer Zeit hier sein wird.	*confestim telephonicē collegae rem nuntiabo, qui brevissimo tempore aderit.*
Und dann kann's losgehen.	*quo facto incipiemus.*
Sie sind ein gesunder, kräftiger Mensch.	*homo validus et robustus es.*
Es gibt schlimmere Fälle.	*res peiores eveniunt.*
Sie werden mit der linken Hand auch ohne die Spitze des einen Fingers einen Gegenstand festhalten können.	*manu sinistra, etiamsi cuiusdam digiti extremi particula deest, rem aliquam retinere poteris.*
In zehn Tagen wird der Finger geheilt sein; denn wir	*decem diebus peractis digitus sanus erit; nam nihil nisi*

nehmen ja nur das äußerste Glied weg.	*membrum extremum amputabimus.*
Da ist der Kollege!	*ecce collega!*
Guten Tag, Herr Kollege!	*salve, collega!*
Wir wollen Lokalanästhesie anwenden, nicht Narkose.	*digitum sensu carentem neque totum corpus torpentem reddere volumus.*
Trotzdem bleiben Sie bitte hier, Herr Kollege, um zu helfen!	*attamen, collega, ut mihi assistas, hīc quaeso remane!*
Ich bleibe gern. – –	*libenter remaneo.* – –
So! Wir sind fertig.	*en! Res finita est.*
Und Sie dürfen zehn Tage die linke Hand nicht benutzen. Verstanden?	*et tibi per decem dies manu sinistra non est utendum. Intellexistine?*
Inzwischen kommen Sie jeden zweiten Tag in meine Sprechstunde, damit ich nachsehen und den Heilprozeß kontrollieren kann!	*interea alternis diebus hora consultationum ad me veni, ut digitum inspicere sanationemque observare possim!*

Billardspiel

de arte pilis eburneis ludendi

Wir wollen Billard spielen.	*sphaeris eburnĕis ludamus.*
Wollen wir (beide) losen, wer anfängt?	*visne sortiamur, u t e r p r i o r incipiat?*
Es ist nicht mehr als billig, als daß Sie, ein so großer Billardspieler, mir etwas vorgeben.	*aequum est te tantum in hoc certamine artificem mihi largiri nonnihil.*

Aber den Gewinn der Gnade des andern zu verdanken, ist nicht besonders ehrenvoll.	sed parum honesta est victoria precaria.
Stoßen Sie zu!	feri!
Ich werde Sie dort heraustreiben!	istinc te excutiam!
Sie können es nur so, wenn Sie Ihren Ball auf meinen doublieren.	non potes alia via, nisi sic mittas sphaeram tuam in parietem, ut resiliat in meam.
Ich will's versuchen.	id experiar.
Was sagen Sie nun, mein Bester? Haben Sie nicht fortgemußt?	quid ais, bone vir? nonne depulsus es?
Sie wissen ganz gut, wie's gemacht wird!	quo pacto id fieri soleat, calles!
Aber das kann man h u n d e r t mal versuchen, und es wird kaum einmal gelingen.	sed istuc s e s c e n t i e s temptanti vix semel succedet.

Kegelschieben

de conorum ludo (vel de coniludio)

Wir wollen Kegel schieben.	cōnorum ludum faciamus.
Nun, meinetwegen.	age nihil moror (non moror).
Nichts übt alle Körperteile besser als das Kegelspiel.	nulla re melius exercentur omnes corporis partes quam glŏbis lignĕis mittendis.
Aber es paßt besser für den	sed aptior hic lusus hiemi

Winter als für den Sommer, denn im Winter schwitzt man nicht so sehr.	*quam aestati, nam hieme minus sudatur.*
Um wieviel wollen wir spielen?	*quanti certabimus?*
Um einen Nasenstüber.	*tālĭtrō.*
Um einen Einsatz muß man spielen, sonst ist das Spiel langweilig.	*aliquo periculo certandum est; aliōqui friget ludus.*
Du hast recht.	*sic res se habet, ut dicis.*
Der Partei, die gewinnt, soll die besiegte eine Mark zahlen.	*utra pars vicerit, ei victa solvet marcam.*
Aber nur unter der Bedingung, daß alles, was aus dem Gewinne zusammenkommt, zu einem gemeinsamen Essen verwendet wird, zu welchem einer wie der andere eingeladen wird.	*sed hac condicione, ut, quidquid ex victoriis collectum erit, insumatur in convivium, ad quod pariter vocentur omnes.*
Die Bedingung ist mir recht und mag gelten.	*placet lex et rata esto.*
Wir brauchen also nur noch die Parteien auszulosen.	*superest igitur, ut sortiamur partes.*
Wir sind ja fast alle gleich stark, so daß nicht viel darauf ankommt, mit wem man zusammenkommt.	*sumus pares ferme omnes, ut non magni rēfĕrat, cui quis coniungatur.*
Du hast aber doch viel mehr Übung als ich.	*tu tamen me multo peritior es.*
Mag sein; aber du hast mehr Glück.	*ut sim, at tu felicior.*

de conorum ludo

Auch hierin ist das Glück von Einfluß?	*fortuna etiam hic valet?*
Es waltet überall.	*illa nusquam non regnat.*
Nun, so mag die Auslosung vor sich gehen.	*age, fiat sortitio.*
Bravo! Wir haben Glück gehabt.	*euge, bene cecĭdit!*
Es sind die zusammengekommen, die ich wünschte.	*coniuncti sunt, quos volebam.*
Auch wir sind mit unseren Leuten nicht unzufrieden.	*nos quoque nostrae sodalitatis non paenitet.*
Sie werden mit mir zufrieden sein.	*laudabis me.*
Anecken gilt nicht.	*qui ad crepidinem miserit, frustra misit.*
Drei! (sc. sind geschoben.)	*ternio (sc. effecta est)!*
Vier! – Fünf! – Sechs!	*quaternio! quinio! senio!*
Alle Neun!	*io novenio!*
Hat der Glück!	*hominem felicem!*
Die Sache ging besser als ich dachte.	*res successit opinione melius.*
Das Glück war dir günstig.	*fortuna tibi favit.*
Dir geht alles nach Wunsch.	*ex sententia tibi cadunt omnia.*
Es ist alles nach Wunsch gegangen.	*res omnis cecĭdit ex sententia.*
Wir wollen uns revanchieren.	*par pari referamus.*
Ich werde mir Mühe geben.	*dabitur opera.*
Sie werden mir nach Möglichkeit beistehen!	*tu me, quoad poteris, adiutabis!*
Wir haben 30 gewonnen.	*vicimus triginta.*
Pfennig?	*nummos?*

Nein.	*non.*
Was denn?	*quid igitur?*
Points.	*numeros.*
Das ist unser Spiel.	*noster est hic ludus.*
Du triumphierst zu früh.	*praepropĕre tu quidem triumphas.*
Jetzt kommt es darauf an!	*nunc res agitur!*
Wirklich eine brillante Kugel!	*egregius profecto iactus!*
In die Vollen bringt er nichts.	*in pleno conorum numero nihil efficit.*
Er geht auf die einzelnen und sticht sie weg.	*singulos petit et subvertit.*
Er hat lauter Zahnstocher stehen gelassen!	*sparsos relīquit conos!*
Schieben Sie!	*mitte!*
Schieben Sie auf den König! auf den vordersten! den rechten (linken) Eckkegel!	*pete regem! primum! dextimum! sinistimum!* (eigtl. den am weitesten rechts bzw. links).
Jetzt wird Ernst gemacht!	*nunc naviter res agitur!*
Bravo! Es ist gelungen!	*euge, successit!*
Hab ich's nicht gesagt?	*dixin'? (Plaut.;* sonst:*) nōnne dixi?*
Was Sie für ein Hexenmeister sind!	*o magum egregium!*
Wir stehen gleich!	*aequali fortuna sumus.*
Wir haben das Spiel gewonnen!	*vicimus! vel: penes nos est huius certaminis victoria!*
Schreiben Sie unsern Gewinn mit Kreide an, damit er nicht vergessen wird.	*scribe lucrum nostrum creta, ne nobis excĭdat.*
Es ist besser, wir hören auf mit Spielen, damit wir's	*praestat a ludo desistere; ne quid nimis.*

nicht übertreiben (damit es nicht zu viel wird).	
Wir wollen den Gewinn ausrechnen.	*computemus lucrum.*
Die Rechnung stimmt.	*ratio constat.*
Wir haben 3 Mark gewonnen, ihr 2.	*nos vicimus tres marcas, vos duas.*
Bleibt also eine zu einer kleinen Kneiperei.	*restat igitur una ad compotatiunculam.*
Doch wer soll das Kegelgeld bezahlen?	*sed interim quis solvet pretium conōrum?*
Alle gleichmäßig, jeder für seinen Teil.	*omnes ex aequo, pro sua quisque portione.*
Ja, denn der Gewinn ist zu gering; davon kann man nichts nehmen.	*lucrum enim exilius est, quam ut demi quicquam possit.*

Ein anderes Spiel

de alio ludo (vel lusu)

Schachspiel.	*ludus scaccorum.*
Schach spielen.	*scaccis ludere.*

Anmerk.: So erst bei Neulateinern. Der antike *ludus latrunculorum* war nicht Schachspiel.

Schach dem Könige!	*cave regi!*
Gardez!	*cave reginae!*
Läufer. Springer. Turm.	*cursor. caballus. turris.*
Bauern.	*latrunculi (vel milites vel latrones).*

Kartenspiel — de chartarum ludicro

Kartenspiel	de chartarum ludicro
Es ist kein edles Vergnügen, wenn man sich durch Glücksspiele um Zeit und Geld bringt.	*illiberalis est voluptas aleā tempus et rem perdere.*
Wollen wir also Karten spielen!	*paginis igitur ludamus! (chartŭlis lūsoriis)*

Anmerk.: So in mittelalterlichen Klosterurkunden; im Altertum spielte man nicht Karten.

Er ist ein sehr guter (Karten-) Spieler.	*peritissimus est lusūs paginarum.*
In dieser Hinsicht leistet er mehr, als mir lieb ist.	*hac in parte plus praestat quam velim.*
Wollen wir einmal unser Glück versuchen?	*visne fortunam experiamur?*
Wie hoch spielt ihr?	*quanti luditis?*
Wir spielen nur zum Zeitvertreib.	*consumendi otii causa ludimus.*
Zur Erholung; zum Vergnügen.	*animi causa.*
Ihr dauert mich!	*vestri me miseret!*
Mir ahnt Schlimmes!	*animus praesāgit mihi aliquid mali!*
Nur zu!	*quid cessas?*
Das war recht von Ihnen.	*istuc recte.*
Das war gut!	*bene factum!*
Unübertrefflich!	*nihil supra!*
So ist's recht! Ganz gut!	*laudo! optime!*
Das war dumm von mir!	*factum a me stulte est!*
Ich bin zu dumm gewesen!	*nimis insipiens fui!*
Ich habe verspielt (verloren!)	*acta haec res est!*

de chartarum ludicro

O weh! o weh!	*perii!*
Wir haben das Spiel verloren!	*actum est!*
Was g e d e n k e n Sie jetzt zu tun?	*quid nunc facere c o g i t a s?*
Ich habe einen Fehler gemacht; ich m u ß es zugeben.	*peccavi, fateor.*
Das genügt! Weiter will ich nichts.	*pax! nihil amplius.*
Da habe ich mich also umsonst gefreut!	*ah, frustra sum igitur gavisus!*
Das ist mein Tod!	*occĭdi!*

Ach, ich Ärmster!	*vae misero mihi!*
Das soll Ihnen nicht so hingehen!	*haud inultum hoc feres!*
Jetzt weiß ich wirklich nicht, was ich machen soll (jetzt bin ich in der größten Verlegenheit)!	*nunc, quo me vertam, nescio!*
Mach' doch (schnell)!	*age! (vel rumpe moram!).*

Was fällt dir ein, daß du uns so zum besten hast?	quid tibi venit in mentem, ut nos ad istum modum ludos facias?
Das paßt gut!	commodum profecto!
Ich merke etwas!	subŏlet (mihi)!
Es ist aus! Es ist nichts mehr zu machen!	actum est; ilĭcet!
Ich bin hereingefallen!	captus sum!
Nun gut! Ich werde mich revanchieren!	age, par pari referam!
Sie haben einen großen Fehler gemacht.	peccatum a (= abs) te maxime est.
Was hat das alles für einen Zweck?	quorsum spectant haec omnia?
Wozu dient dies eigentlich?	ad quid hoc tandem condūcit?
Wozu taugt dies?	quorsum hoc valet?
Wozu ist das gut?	ad quid hoc proficit?
Welchen Vorteil bietet das?	quid hoc emolumenti h a b e t?
Wer hat von der Sache Vorteil?	cui bono?
Die Sache kam anders, als ich gedacht hatte.	res aliter cecĭdit ac putaveram.
Jetzt kommt alles auf Sie an!	nunc in te omnia sunt!
Jetzt ist eine g ü n s t i g e Gelegenheit!	nunc occasio datur!
Sie haben den r e c h t e n Augenblick vorübergehen lassen!	occasionem praetermisisti!
Jetzt nimm den r e c h t e n Augenblick wahr!	nunc occasionem arrĭpe!
Ich weiß nicht recht, was ich tun soll.	m e t u o , quid faciam.

Sie haben Glück!	fortuna tibi est (Liv. 36, 19, 1) fortuna secunda utĕris! prospero fortunae flatu utĕris! (Cic. off. 2,6,19).
Sie haben Pech!	a Fortuna derelictus es!
Glück zu!	bene id tibi vertat!
C'est la guerre!	haec est alea Martis!
Jetzt heißt es siegen oder sterben!	nunc necesse est stare aut occasurum aut occisurum.
Was soll aus uns werden!	quid (de) nobis fiet?
Es ist aus mit uns!	actum est de nobis!
Ich habe große Hoffnung, daß wir n o c h gewinnen.	magna me spes tenet nos victuros esse.
Wir dürfen neue Hoffnung schöpfen.	spem redintegrare licet.
Das war ein Wunder! Wir haben g e w o n n e n !	divinitus accidit! vicimus!
Ich habe die Sitzerei nunmehr satt!	iam taedet me sessionis!

Sport

de ludicris corporis exercitationibus

a) BALLSPIELE

a) DE LUSIONIBUS PILARIBUS

Treiben Sie Sport?	exercesne corpus tuum?
Ich bin aktives Mitglied eines Sportvereins.	sodalis actuosus societatis sum athleticae.
Waren Sie schon als Junge sportbegeistert?	erasne iam puer ludicrorum studiosissimus?

Sehr gern habe ich mich an Ballspielen beteiligt.	*summo studio follis ludis (folliludiis) intereram.*
„Ballspiel ziemt sich für Jungen wie für alte Herren", hat schon der römische Dichter Martial gesagt (ep. 14, 47).	*„folle decet pueros ludere, folle senes", iam dixit Martialis poeta Romanus.*
Für das Fußballspiel war ich am meisten begeistert.	*follis pede pulsandi eram cupidissimus.*
Welchen Platz hatten Sie denn in Ihrer Mannschaft?	*quonam eras loco vestro in agmine?*
Meistens war ich Linksaußen, während mein Bruder Torwächter war.	*plerumque comes in laeva manu eram, cum frater esset ianitor retis.*
Zuletzt war ich Mittelstürmer und sogar Mannschaftsführer.	*postremo medius incursor fui atque etiam agminis dux.*
Wir hatten einen Trainer, der unermüdlich mit uns gearbeitet hat.	*instructor noster impigre nos expolīvit.*
Ich habe lieber Handball gespielt.	*egomet pila manuāli ludere malebam.*
Ich muß ständig laufen, springen, werfen.	*cogor assidue currere, salire, iacĕre.*
In der Schule spielten wir oft Faustball.	*in schola saepe follem mittebamus pugnis.*
Der Faustball.	*follis pugillatorius (Plaut. rud. 721).*
Kürzlich habe ich mich dem Klub der Freunde eines neuen Ballspiels angeschlossen.	*nuper ad coetum me adiunxi amicorum novi folliludii.*

de ludicris corporis exercitationibus

Basketball heißt es, weil man den Ball in den Korb werfen muß.	*folliculi canistrique ludus nominatur, quod folliculus est iaciendus in canistrum.*
Es erfordert große Geschicklichkeit, wenn der Ball angenommen, den Mitspielern zugespielt und in den Korb geschleudert wird.	*magna opus est sollertia, cum folliculus accipitur, sociis traditur, in canistrum mittitur.*
Ihre Schwester ist, wie ich in der Zeitung gelesen habe, eine ausgezeichnete Tennisspielerin, sowohl im Freien wie ganz besonders in der Halle.	*sororem tuam reticulo ac pila egregie ludere in actis legi diurnis cum sub divo tum in atrio.*
Der Tennisplatz.	*sphaeristerium.*
Meine Kinder spielen Tischtennis.	*liberi mei manubriato reticulo pilulaque in mensa ludunt.*
Auch Jungen und junge Männer begeistern sich für die weißen Bällchen auf grüner Platte.	*adulescentes quoque et iuvenes parvulis pilis albis super mensam viridem alliciuntur.*
Um die Meisterschaft werden ernsthafte Wettkämpfe der besten Spieler des Landes ausgetragen.	*seria optimorum civitatis lusorum certamina de primiceriatu aguntur.*
Mädchen spielen gern Flugball (Volleyball).	*puellas pila iuvat volatica ludere.*
Sehr beliebt scheint heutzutage bei den Mädchen das Hockeyspiel zu sein.	*magna in gratia puellarum ludus pilae hastili percussae his temporibus videtur esse.*

b) WASSERSPORT

Treiben Sie auch Wassersport?
Ich liebe die Schwimmwettkämpfe, aber ich spiele nur die Rolle eines begeisterten Zuschauers.
Die Mannigfaltigkeit der Kämpfe macht mir Freude.
Brustschwimmen.
Rückenschwimmen.
Schmetterlingsstil.
Kraulstil; kraulen.
Freistil.

Kunstspringen (Turmspringen)

Höhepunkt des Schauspiels ist meistens das Wasserballspiel.

c) LEICHTATHLETIK

Der Hundertmeterlauf.

Der Stafettenlauf.

Der Marathonlauf.
Der Langstreckenläufer.
Der Hindernislauf (Hürdenlauf).

b) DE LUDICRIS AQUARIIS

aquariis quoque exerceris ludicris?
valde certaminibus natatoriis faveo, sed spectantis tantum ago partes studiosi.

varietate delector certaminum.
ranae more natare.
supino corpore natare.
papilionum more natare.
alternis bracchiis natare.
genere sponte delecto (vel norma nulla) natare.

ars de suggestu (vel de turri) in aquam sollerter se praecipitandi.
spectaculi culmen plerumque folliculi certamen est a natantibus pulsati.

c) DE ATHLETICA LEVI

cursus certamen centum metrorum.
curriculum quattuor cursorum alternorum.
cursus Marathonius.
qui longa spatia percurrit.
cursus impedimentorum interpositorum.

Der Weitsprung.	*saltus in longitudinem.*
Der Hochsprung.	*saltus in sublime.*
Der Stabhochsprung.	*saltus hastīli (vel pertĭca) factus.*
Der Zehnkampf.	*decāthlum.*
Der moderne Fünfkampf.	*pentāthlum nostrae aetatis.*
Der Diskus-, Hammer-, Speerwurf.	*disci, mallei, iaculi iactus.*

d) SCHWERATHLETIK

Haben Sie schon einen Boxkampf aus der Nähe gesehen?

Nein, nur auf dem Fernsehschirm.

Haben Sie Lust, mich morgen in die Westfalenhalle zu begleiten?

Was gibt's dort?

Die besten Boxkämpfer fast aller Klassen werden in den Ring treten.

Haben Sie schon Eintrittskarten?

Nur mit Mühe habe ich durch einen Freund, der Mitglied des Athletikklubs ist, zwei Karten erhalten.

Werden wir auch einen Meisterschaftskampf sehen?

Zwei Schwergewichtler, ein Finne und ein Deutscher,

d) *DE ATHLETICA GRAVI*

spectavistine iam pugilatum e propinquo?

non vidi nisi in scrinio televisifico.

visne cras Vestfalorum in oecum me comitari?

quid rei ibi erit?

optimi omnium fere classium pugĭles in saepta intrabunt.

habesne iam tesseras?

aegre per amicum, qui sodalis coetus athletici est, duas tesseras accepi.

etiamne videbimus certamen de principatu pugilatorio?

duo magno pondere viri, Finnus et Germanus, de

werden um die europäische Meisterschaft kämpfen.	*principatu Europaeo certabunt.*
Sind beide Gegner an Gewandtheit und Schlagkraft einander gleich?	*paresne sunt adversarii agilitate ac pulsandi vi?*
Der Finne ist berüchtigt durch seine sehr harten Schläge, aber der Deutsche ist wendiger und ausdauernder.	*Finnus durissimis plagis famosus est, sed Germanus versatilior et pertinacior.*
Der Kinnhaken.	*ictus mento immissus.*
Knockout.	*ictū ultimo confectus.*
Ringrichter wird ein sehr bekannter früherer Boxer sein.	*saeptorum iudex erit pugil pristĭnus notissimus.*
Boxhandschuhe.	*caestūs.*
Auch für den Ringkampf sind viele, namentlich Jugendliche, begeistert.	*etiam luctationis studio multi ardent, imprimis adulescentes.*
Bei den alten Griechen war die Palästra der Ringplatz.	*apud Graecos palaestra locus erat luctandi.*
Mir gefallen die Wettkämpfe im griechisch-römischen Stil weniger als die im Freistil.	*mihi certamina Graecorum et Romanorum more minus quam, quae sunt nullius normae, placent.*
Bewundernswert sind oft die Gewandtheit und Schlauheit des Angreifers, mit der der Gegner überrascht und zu Boden geworfen wird.	*admirabiles saepe agilitas atque calliditas sunt, quibus usus qui aggreditur adversarium opprimit et prosternit.*
Vergessen wollen wir nicht die sog. Schwerathleten, die ihre Muskeln durch lange Übung so gekräftigt haben,	*ne obliviscamur athletas graves, qui dicuntur, quorum lacerti diutina exercitatione adeo firmati sunt, ut*

daß sie die schwersten Gewichte heben, vom Boden reißen und in die Höhe stemmen.

maxima pondera leventur, a solo rapiantur, sursum tollantur.

e) RUDERSPORT

e) *DE REMIGANDI ARTE*

Interessieren Sie sich nicht für den Rudersport?

nonne remigandi arti faves?

Ich bin Mitglied eines Ruderklubs gewesen.

remĭgum circulo interfui.

Dann wissen Sie ja Bescheid.

ergo peritus es huius artis.

Ich bin die reine Wasserratte.

aquam vera caritate amplector.

Wir rudern während des Sommers allwöchentlich.

octavo quoque die aestatis remis navigare solemus.

Wir besitzen unter anderen Fahrzeugen einen Achter.

inter alia navigia naviculam ab octo remigibus motam habemus.

In früheren Jahren bin ich oft in einem Vierer mit Steuermann gefahren.

supĕrioribus annis navicula quattuor remigum cum gubernatore saepe vehebar.

Einer von unseren Ruderern ist gestern nach Wien abgereist und bleibt dort.

unus ex nostris remigibus heri Vindobŏnam profectus est ibique manebit.

Wollen Sie den freigewordenen Platz nicht ausfüllen?

nonne hunc locum vacuum explere vis?

Gern.

libenter explebo.

Wir sind aber alle sehr ehrgeizig und wollen bei einem Wettrudern nicht die letzten sein.

omnes autem ambitiosi sumus neque certamine navicularum vinci volumus.

Natürlich.	*nimirum.*
Also muß ich, wenn ich in Ihren Klub eintrete, gründlich trainieren.	*ergo in societatem vestram adscripto mihi funditus est exercitandum.*
Wann darf ich zu Ihnen kommen?	*quando te visitare mihi permissum erit?*
Kommen Sie morgen in unser Klubhaus!	*cras in domicilium nostrum venias!*
Um neun Uhr finden Sie dort zahlreiche Mitglieder unseres Klubs.	*nona hora multos societatis nostrae socios (vel sodales) ibi videbis.*
Gut, ich werde kommen.	*bene est! Veniam.*
Werden Sie denn auch da sein?	*num tu quoque aderis?*
Das weiß ich nicht genau.	*hoc non certo scio.*
Ich komme wahrscheinlich später, weil ich vorher noch einen notwendigen Brief schreiben muß.	*verisimile est me postero tempore esse venturum, quia antea epistula necessaria mihi est scribenda.*
Da darf ich Sie vielleicht aus Ihrer Wohnung abholen.	*ergo mihi fortasse venia est tui e domicilio abducendi.*
Gewiß!	*venia est.*
Wissen Sie denn, wo ich wohne?	*scisne, ubi habitem?*
Jawohl; ich war ja schon einmal bei Ihnen.	*scio, nam apud te iam fui.*
Bitte kommen Sie um zehn Uhr zu mir; dann gehen wir zusammen ins Klubhaus.	*decima hora ad me quaeso veni; quo facto una in domicilium remigum ibimus.*
Leben Sie wohl!	*vale!*

f) PFERDERENNEN

Das Glück der Erde liegt auf dem Rücken der Pferde.
Besuchen Sie oft Pferderennen?
Solange ich in Frankfurt am Main war, habe ich fast alle Rennen besucht.
Es ist erstaunlich, wie schnell die Reitkunst nach dem letzten Krieg wieder aufgeblüht ist.
In Deutschland haben wir mehrere berühmte Gestüte, in denen edle Pferde aufgezogen und dressiert werden.
Wir haben auch ausgezeichnete Jockeys, die mehr als hundertmal gesiegt haben.
In München habe ich einmal Trabrennen gesehen; die Pferde waren vor leichte zweirädrige Wagen gespannt.
Ein Wettrennen von Viergespannen nach antikem römisch-griechischen Muster habe ich als Junge in einem amerikanischen Zirkus persönlich gesehen.

f) DE CERTAMINE CURSUS EQUESTRIS

sedére in equí sellá
nil púlchrius ín terrá.
isne saepe spectatum equirria?
(Ov. fast. 2, 859)
dum Francofurti ad Moenum eram, omnibus fere aderam cursibus.
mire, quam celeriter equitandi ars post bellum proximum effloruerit.

in Germania complures sunt equariae illustres, quibus generosi equi educantur atque instituuntur.

sessores quoque insignes habemus, qui plus centies vicerunt.
Monachii aliquando equestria certamina tolutim currentium (Fronto ad M. Caes. 1, 8), qui ad cisia levia iuncti erant, spectavi.
quadrigarum certamen more Graecorum et Romanorum antiquorum puer in circo quodam Americano ipse vidi.

Derartige Rennen werden manchmal in Kinos gezeigt.	*tales cursus nonnumquam ostenduntur in cinematographēis.*
Der Rennfahrer (von Beruf).	*aurīga (vel agitator).*
Auch im Ausland haben deutsche Reiter glänzende Siege errungen.	*etiam extra Germaniam equites Germanici victorias pepererunt clarissimas.*
Zu den Pferderennen gehören auch die Wetten, die nicht nur von den Zuschauern, sondern auch von den Abwesenden abgeschlossen werden.	*ad equirria etiam sponsiones, quae non solum a spectantibus, sed etiam fiunt ab absentibus, pertinent.*
Der Totalisator.	*ubi praemia sponsionum distribuuntur.*
Der Einsatz.	*pignus.*

g) TURNEN

g) *DE REBUS GYMNICIS*

Wohin eilen Sie?	*quo properas?*
Zur Turnstunde unseres Vereins.	*ad exercitationes gymnicas societatis nostrae.*
Ihr Abzeichen zeigt, daß Sie Mitglied des Allgemeinen Turnvereins sind.	*insigne vestrum te sodalem Communis Societatis Palaestricae esse probat.*
Wir treffen uns jeden Montag abends 7 Uhr in der Turnhalle des Gymnasiums.	*singulis lunae diebus vesperi hora septima in palaestram convenimus gymnasii.*
In welcher Weise üben Sie?	*quo modo exercetis corpora?*
Wir benutzen das Reck, den Barren, die Ringe und das	*tigno ferreo (vel tigno transverso), tignis parallēlis,*

Pferd, ähnlich wie einst in der Schule.	anŭlis (vel circŭlis), equo (vel ĕcŭlĕō) similiter ac quondam in schola utimur.
Sie sollen ja der beste Turner Ihrer Klasse gewesen sein.	optimus vestrae classis palaestrīta fuisse diceris.
Haben Sie nicht lieber geturnt als gelernt?	nonne libentius corpus exercuisti quam didicisti?
Ich war ein mittelmäßiger Turner; ich sprang lieber über den Tisch oder kletterte mit den Händen an einer Stange oder den Sprossen einer Leiter empor als daß ich gefährliche Dinge wagte.	ego palaestrita mediocris eram, qui mensam transilire aut manibus longurium vel scalae gradus ascendere quam res periculosas audēre malebam.
Wir machen auch Freiübungen, einzeln oder in Gruppen.	liberas quoque exercitationes facimus, singillātim vel per manipŭlos.
Rhythmische Gymnastik.	ludi gymnici rhythmice facti.
Wir haben natürlich eine Mannschaft, die sich auf Wettkämpfe eifrig vorbereitet.	manum videlicet habemus, quae ad certamina se parat studiose.

h) ANDERE SPORTARTEN

b) DE ALIIS REBUS AGONISTICIS

Ich treibe Wandersport.	corpus exerceo migrando.
Jugendherberge.	deversorium adulescentium.
Fechtsport.	ludus gladiatorius (vel studium gladiatorium).
Fechtkampf.	certamen (vel spectaculum) battuendi (vel gladiatorium).

Fechtregeln.	vitandi atque inferendi ictūs praecepta.
Fechtlehrer.	băttuendi (vel armorum) magister.
Florett (Rapier, Stoßdegen).	dŏlō(n), ōnis m., rŭdĭs ferrea (Lat. 9, 35).
Säbel.	ēnsis falcatus (vel ăcīnăcēs, is m.).
Fechtplatz, -schule.	ludus gladiatorius.
Der schönste Leistungssport ist wohl der Segelflug.	haud scio, an pulcherrimum genus suis viribus facinora patrandi ars velivŏli utendi sit.
Segelflugwettbewerb auf dem Gipfel des Rhönberges Wasserkuppe.	velivolorum certamen in Rhoenani montis Wasserkuppe culmine.
Segelboot.	navigium veliferum.
Segelregatta.	navigiorum velis instructorum certamen (Lat. 9, 31).
Motorsegelboot.	veliferum navigium automatarium.
Jacht.	celox, ōcis m. u. f.
Fahrradsport.	studium (vel ars) birota (vel ocypede) vehendi.
Radfahrer.	birotularius (nicht: cyclista!).
Radrennen (einzelner oder in Gruppen).	birotulariorum certamen (inter singulos aut per manipulos).
Straßenrennen einzelner oder von Gruppen.	certamen singulorum aut manipulorum via cursitantium.
Sechstagerennen.	certamen sex dierum.

Automobilrennen.	*autoraedarum certamen.*
Motorradrennen (mit Beiwagen).	*automatariarum birotarum (vel autobirotarum) certamen (cum adiecto cisio).*
Schießkunst.	*ars armis ignivomis utendi.*
Gewehr.	*manuballista ignivoma (vel ignifera).*
Pistole.	*manuballistula (ignivoma) (vel pyroballistula).*
Schütze.	*manuballistarius (vel pyroballistarius).*
Zielfernrohr.	*telescopium.*
Patrone.	*pyrŏbolus (vel pyrobolum, tubulus displodens vel pyricus).*
Visier richtig einstellen.	*specŭlam (vel dioptram, visorium) recte ordinare vel temperare).*
abschießen.	*(telum) emittere.*
Schützenverein, -brüderschaft.	*manuballistariorum sodalitas.*
Sportzeitung.	*ephemĕris gymnastica.*
Der „Sport am Sonntag".	*certamina lusoria hesterno die Dominico facta.*

i) DIE WINTER-OLYMPIADE

Haben Sie die letzte Winterolympiade am Fernsehapparat miterlebt?

Es war ganz großartig, was der Bildschirm zeigte.

i) DE OLYMPIIS HIBERNIIS

vidistine proxima olympia hiberna per scrinium televisificum?

magnificentissima erant, quae album televisificum ostendit.

Bewunderung erregten die Schiläufer, die im Abfahrtslauf die Abhänge hinunter dem Ziele entgegen jagten.	admiratione iam digni erant cursores, qui descensu simplici per nives soleis oblongis ad terminum delabebantur.
Schwieriger war der Wettkampf derer, die im Slalom eine durch Tore abgesteckte Piste durchfahren mußten.	difficilius erat certamen eorum, qui itinere flexuoso portas vexillis parvis notatas percurrere debebant.
Die Schier.	solĕae oblongae (vel Norvegicae).
Der Torlauf (oder Slalom).	descensus flexuosus.
Der Riesentorlauf.	ingens descensus flexuosus.
Der (große) Langlauf.	(longus) cursus campester.
Der Stafettenlauf.	antecessorum cursus.
Der Sprung von der Sprungschanze (Sprunglauf).	saltus de suggestu desultorio.
Die Nordische Kombination (Verbindung von Langlauf und Sprung).	coniuncta exercitatio septentrionalis.
Seilbahn.	transmissio (vel transvectio) fūnālis (vel funivia).
Sessellift.	pegma (-ătis, n.) sellarium (vel sellula tractoria).
Auch die Wettkämpfe auf dem Eise haben mir sehr gefallen.	certamina, quae glaciata in planitie fiebant, mihi valde placebant.
Das Eisstadion, das viele Tausende von Besuchern faßt.	stadium glaciale, multa milia capiens sessorum.
Die Schlittschuhläufer.	lusores solĕis ferrĕis (vel ferratis) currentes.

Der Eiskunstlauf.

Es ist bewundernswert, mit welcher Leichtigkeit die Läufer über die Eisfläche zum Klang der Musik dahingleiten.

Sie zeichnen die mannigfachsten Figuren, drehen wirbelnde Pirouetten und vollführen kunstvolle Sprünge.

certamen ferrearum solearum artificiosum.

mirum, quanta sollertia cursores super glaciem ad symphoniae concentum labantur.

schemata maxime varia describunt, saltant altero pede se circumvolventes, sursum saliunt singulari arte.

Kürübungen werden von den Kampfrichtern gleich hoch bewertet wie die Pflichtübungen.

Stürmischen Beifall spendet das Publikum den Paarläufern.

Wettbewerbe im Eisschnelllauf, die über verschiedene Distanzen ausgetragen werden.

voluntariae exercitationes a certaminis iudicibus tantidem aestimantur quanti praeceptae.

plausūs clamoresque vir et mulier coniunctim in glacie saltantes excitant.

celeritatis certamina, quae imparibus spatiis conficiuntur.

Lenkbare Bobs mit Steuerrad und Bremsen.	*trahae gubernabiles et rotis moderatricibus atque sufflaminibus instructae.*
Das Eishockeyspiel.	*pilae baculique adunci ludicrum super glaciem (vel pilamallĕus).*

Die Atomkraft — de vi atomica

Was ist im 20. Jahrhundert Größeres, oder soll ich sagen, Entsetzlicheres entdeckt worden als die Atomkraft?	*saeculo vicesimo quid maius detectum est, an dicam immanius quam vis atomica?*
Beides ist richtig, aber die Physiker sind offenbar nur darauf ausgegangen, den Bau des Atoms zu erkennen.	*verum est utrumque; sed physicos nihil nisi id studuisse, ut atŏmorum structuram cognoscerent, apertum est.*
Und wir gerieten in Staunen, als wir vernahmen, aus wie winzigen Bausteinen das Weltall zusammengesetzt sei.	*atque nos obstupuimus, cum, quantulis ex lapillulis mundi opus esset compositum, audivissemus.*
Erinnerst du dich noch, wie sehr die Menschen erschauerten, als durch das Radio gemeldet wurde, daß zwei Atombomben auf Japan abgeworfen seien?	*meministine, quantopere homines, cum duos pyrobŏlos atomicos in urbes Iaponicas esse deiectos radiophonice nuntiaretur, perhorruerint?*
Und seitdem ist die Sprengkraft der Atombomben im-	*atque illo ex tempore displodendi robur pyrobolorum*

mer mehr gesteigert worden.	*atomicorum magis magisque auctum est.*
Hast du in der Zeitung gelesen, daß die Amerikaner einige Tausend Atomsprengköpfe aufgehäuft haben?	*legistine in actis diurnis Americanos plura milia displosivorum capitum atomicorum acervavisse?*
Und niemand weiß, wieviel andere Staaten zusammengebracht haben.	*neque quisquam scit, quantum aliae civitates contulerint.*
Der Vertrag über den Atombombenversuchsstopp.	*pactum, quo convēnit, ne pyroboli atomici experimenti causa (in terrae solo supraque) dirumperentur.*
Dieser Vertrag ist nicht von allen Staaten unterschrieben worden.	*id pactum non ab omnibus civitatibus est subscriptum.*
Erfreulich sind die Nachrichten über die Vorteile der Atomkraft für die Menschen.	*laetabiles sunt nuntii de magnis emolumentis, quae vi atomica hominibus praebentur, divulgati.*
Elektrische Kraft wird aus der Atomzertrümmerung gewonnen.	*vis electrica scissis ex atomis comparatur.*
Flugzeugträger und Unterseeboote werden mit Atomkraft ausgerüstet.	*naves aeroplănophŏrae et navigia subaquanea vi atomica instruuntur.*
Die Ärzte gebrauchen die sog. Isotopen für die Erkennung von Krankheiten und z. B. für die Heilung von Krebs und Kehlkopfgeschwulsten.	*medici isotŏpis, qui vocantur, ad morbos cognoscendos et, ut exemplum afferam, ad cancrum ac guttur tumidum sananda utuntur.*

In fast allen Staaten werden
Atomkraftwerke für fried-
liche Zwecke errichtet.

*in omnibus fere civitatibus
officinae atomico robori
ad pacis utilitates gignendo
exstruuntur.*

Die Eroberung der Luft

de āēre potiŭndo

„Wenn ich ein Vöglein wär'
und auch zwei Flügel hätt',
flög ich zu dir", so träum-
ten und sangen die Men-
schen von altersher.

*"si avis essem atque alas duas
haberem, ad te volarem",
sic antiquitus somniabant
cantabantque homines.*

Aber noch niemand ist es ge-
lungen, sich mit eigener
Muskelkraft vom Boden in
die Luft zu erheben.

*neque vero adhuc cuiquam,
ut suis musculorum viribus
ex solo se in āera tolleret,
contigit.*

Schon zwei Jahrhunderte lang
sind kühne Männer in gas-
gefüllten Ballons über län-
gere oder kürzere Strecken
geflogen.

*iam per duo saecula viri auda-
ces globis panno cumoso
intentis et gaso completis
volabant super spatia bre-
viora vel longiora.*

Das waren die ersten Luft-
schiffer.

ii erant aeronautae primi.

Leichter als Luft waren auch
die lenkbaren Luftschiffe,
die nach dem Grafen
Zeppelin genannt werden.

*āere leviores erant etiam
aerinaves a Comite
Zeppelin appellatae.*

Noch heute sieht man kleine
derartige Luftschiffe zu
Reklamezwecken über die
Städte hinfliegen.

*etiamnunc talia āerinavigia
parva mercis cuiuspiam
divulgandae causa super
urbes volantia videntur.*

Kaum 60 Jahre sind vergangen, seitdem es Ingenieuren gelang, Flugzeuge mit Motorantrieb zu bauen.	*vix anni sexaginta praeterierunt, ex quo machinariis doctis contigit, ut velivola, quae machinamentis motoriis impelluntur, construerent.*
Eindecker – Doppeldecker.	*monoplănum – biplănum.*
Luftstreitkräfte, Luftflotten.	*arma aeria, classes aeriae.*
Erkundungsflug.	*volatus exploratorius.*
Kampfflugzeug.	*aeroplănum proeliare.*
Fliegerangriff.	*aeroplanorum incursio.*
Radargerät.	*radioelectricum instrumentum exploratorium.*
Der zivile Luftverkehr wird vor allem durch die Luftfahrtgesellschaften aufrecht erhalten und planmäßig durchgeführt.	*civile commercium āerium imprimis societatibus aeriis sustentatur et secundum horarium peragitur.*
Das Netz der Luftlinien wird von Jahr zu Jahr dichter, die Zahl der Luftfahrgäste immer größer.	*aeriorum itinerum rete in annos fit densius, numerus vectorum aeriorum maior et maior.*
Neuerdings sind zu den Flugzeugen mit Kolbenantrieb andere mit Turbinen- oder Düsenantrieb hinzugekommen.	*proximis annis ad aeroplăna, quorum machinamenta fundulis ambulatilibus propelluntur, alia accesserunt, quae vel turbineo helicarum motu incitantur vel contraria vi propelluntur.*
Düsenflugzeug.	*āeróplanum āerihaustorium* (Pal. Lat. 34, 309)

Neulich bin ich mit einem Hubschrauber nach Brüssel geflogen.	*nuper helicoptĕro Bruxellas volavi (vel autogȳro).*
Ich habe sie in Bonn oft senkrecht starten sehen.	*Bonnae saepe talia aeroplăna ad perpendiculum exsurgentia videbam.*
Auch immer höher will der Mensch hinaufsteigen.	*altius quoque altiusque homo ascendere vult.*
In unserem Zeitalter verwirklicht sich der uralte Traum der Menschheit, durch die Troposphäre und die Stratosphäre in den unermeßlichen Weltraum vorzustoßen.	*nostra aetate vetustissimum hominum somnium per troposphaeram et stratosphaeram in sidereum spatium immensum progrediendi ad effectum adducitur.*
Nicht nur haben mehrfach in den letzten Jahren unbemannte Kapseln den Mond erreicht, sondern vor einigen Jahren haben drei kühne Amerikaner die	*Non modo complures inanes capsulae metallinae proximis annis ad lunam pervenerunt, sed ante annos plures tres viri Americani audacissimi in eius superficie*

Oberfläche des Mondes betreten und sind nach mehrstündigem Aufenthalt unversehrt zur Erde zurückgekehrt.

pedes posuerunt et nonnullas horas ibi versati incolumes reverterunt ad terram.

Politisches

de rebus politicis

Die Bundesrepublik Deutschland.

Foederalis res publica Germanica.

Eine parlamentarische Republik.

res publica, in qua legati populares legibus ferendis vice civium funguntur.

Die Rechtsgleichheit der Bürger wird durch die Unparteilichkeit und Gewissenhaftigkeit der Richter und durch die Möglichkeit der Berufung an höhere Gerichte gewahrt.

iuris aequabilitas civium integritate veritateque iudicum atque facultate ad superiora iudicia provocandi servatur.

Das vom Parlamentarischen Rat 1949 in Bonn beschlossene Grundgesetz.

lex primaria Bonnae anno MCMIL a Consilio publico legumlatorum decreta.

Das Bundesverfassungsgericht.

Foederale Constitutionis Iudicium.

Der Grundsatz der Gewaltenteilung.

axiōma divisionis potestatum (vel discriptionis), axiōma potestatum divisarum.

Der Bundespräsident.

Praeses rei publicae foederaticae.

Der Bundeskanzler.

Cancellarius Foederalis.

Die Bundesminister, z. B. des Inneren, des Äußeren, der

foederales administri munerum publicorum, velut in-

Verteidigung, der Finanzen, der Wirtschaft, der Justiz, für Soziales, für Verkehr, für Gesundheitswesen.	*ternis administrandis, rationibus rerum externarum expediendis, rei publicae defendendae, rei nummariae exsequendae, rebus oeconomicis moderandis, rebus iudiciariis gerendis, rebus socialibus digerendis, rei vehiculariae dispensandae, sanitati tuendae.*
Der Bundestag.	*Coetus Legumlatorum.*
Der Bundesrat.	*Foederale Consilium.*
Die Vereinten Nationen (UNO).	*Unitarum Nationum Societas.*
Der Deutsche Städtetag.	*Municipalium Administratorum Coetus Germanicus.*
Der Deutsche Industrie- und Handelstag.	*Industriae Machinalis Mercatusque Coetus Germanicus.*
Nationalismus.	*nimium suae gentis studium.*
Faschismus.	*exaggeratum suae gentis studium.*
Sozialisieren.	*bona privata publicare in usum populi.*

Einiges aus dem wirtschaftlichen und sozialen Bereich[1])

nonnulla ex provinciis oeconomica et sociali

Die gesamte Menschheit.	*universa hominum consociatio.*

[1]) Zumeist der Enzyklika „Mater et Magistra", AAS 1961, S. 401 ff. entnommen.

Die wirtschaftlichen Verhältnisse.	*res oeconomicae.*
Die Wirtschaft.	*res oeconomica.*
Die freie Marktwirtschaft.	*liber mercatus.*
Die wirtschaftliche Macht.	*oeconomicus potentatus.*
Das zügellose Machtstreben.	*effrenata potentatus ambitio.*
Der freie Wettbewerb.	*libera competitorum aemulatio.*
Die Industrie.	*machinales industriae.*
Der Bereich der Technik.	*provincia artium.*
Produktionszweige.	*artes bona gignentes.*
Der technische Fortschritt.	*artium progressus (vel profectus).*
Der wissenschaftliche Fortschritt.	*disciplinarum profectus.*
Das handwerkliche Unternehmen.	*procuratio ab artifice gesta.*
Der mittlere, der große Betrieb.	*administratio medii, magni ordinis.*
Private Unternehmen.	*privatorum incepta.*
Leistungsfähige Produktionsverfahren.	*artes ad res gignendas (vel procreandas) aptae.*
Das genossenschaftliche Unternehmen.	*inceptum oeconomicum consociatum.*
Die Genossen.	*sodales consociati.*
Berufsgenossenschaften.	*societates ad professionem spectantes.*
Berufsverband (der Handwerker).	*consociatio (artificum).*
Versicherungsanstalten.	*oeconomicae cautiones.*
Der Manager.	*moderator societatis.*
Das Privateigentum (an Produktionsmitteln).	*ius privati dominii (vel privata possessio vel priva-*

	tim res possidendi) (ius res bonis gignendis aptas privatim possidendi).
Die soziale Funktion des Privateigentums.	*privati dominii sociale munus (vel socialis ratio).*
Die soziale Frage.	*quaestio socialis.*
Die Sozialversicherungen.	*sociales civium cautiones (vel securitatis socialis rationes).*
Die Arbeiterfrage.	*quaestio de opificum conditione.*
Die Arbeitnehmer.	*opifices (vel operarii vel operae).*
Die Arbeitgeber.	*operum conductores.*
Der Arbeitsvertrag.	*pactio operarum.*
Die Gewerkschaften.	*opificum collegia (vel consociationes).*
Der Kollektivvertrag.	*pactiones inter opificum et conductorum consociationes.*
Der Streik (verabredeter).	*(voluntaria) operis cessatio (vel intermissio).*
Die Aussperrung.	*opificum exclusio laboris.*
Der Klassenkampf.	*dimicatio alterius ordinis in alterum.*
Die Lebensbedingungen der Arbeiter verbessern.	*operariorum rationes in melius mutare.*
Am Gewinn beteiligt werden.	*lucra participare.*
Am Besitz oder an der Verwaltung beteiligt.	*consors dominii vel curationis.*
Marxistische Lehren.	*Marxiana placita.*
Die gemäßigte Form des Sozialismus.	*temperata socialismi ratio.*

Internationales Arbeitsamt.	*gentium consilium labori ordinando.*
Ideologie.	*vulgata opinionum commenta.*
Die Erfordernisse des Gemeinwohls.	*communis boni rationes.*
Unterentwickelte Länder (Staaten).	*regiones (vel civitates) opibus inferiores (vel minus bonis oeconomicis instructae).*
Die Menge der Hungernden.	*multitudo famelicorum.*
Auf Weltebene.	*in universa hominum communitate.*
Die gegenseitigen Beziehungen der Menschen.	*mutuae hominum necessitudines.*
Die Weltbank.	*argentaria ad omnes spectans nationes.*

Geographische Namen (z. T. neulateinisch)

a) LÄNDER

Aargau. *Argovia.*
Altenburg. *Altenburgum.* Bewohner *Altenburgenses.*
Altmark. *Marchia vetus.*
Amerika. *America.* B. *Americani.*
Andalusien. *Andalūsia, Vandalitia (Baetica).*
Arabien. *Arabia.* B. *Arăbes.*
Baden. *Badenia.*

Bayern. *Bavaria.* B. *Bavări.* adv. *Bavarice.*
Belgien. *Belgium (vel Belgica).* B. *Belgae.*
Böhmen. *Bohemia.* B. *Bohemi.* adv. *Bohemice.*
Bourgogne. *Burgundia.* B. *Burgundi, Burgundiones.*
Braunschweig. *Brunsvīga.* B. *Brunsvicenses.*

Breisgau. *Brisgovia.* B. *Brisigavi.*
Bulgarien. *Bulgaria.* B. *Bulgări. adv. Bulgarice.*
Champagne. *Campania Gallica.*
China. *Sinae.* B. *Sinenses.* (Seide *sericum*).
Dänemark. *Dania.* B. *Dani. adv. Danice.*

B. *Angli. Britanni. adv. Anglice. Britannice.*
Finnland. *Finnia.* B. *Finni. adv. Finnice.*
Flandern. *Flandria. adv. Flandrice.*
Franken. *Franconia.* B. *Franci* oder *Francŏnes. adv. Franconice.*

Dalmatien. *Dalmatia.* B. *Dalmătae.*
Elsaß. *Alsatia.* B. *Alsăti. adv. Alsatice.*
England. *Anglia. Britannia.*

Frankreich. *Francogallia, Francia.* B. *Francogalli. adv. Francogallice.*
Friesland. *Frisia.* B. *Frisii, Frisŏnes.*

Graubünden. *Rhaetia.* B. *Rhaeti.*
Hebräer. *Hebraei, Iudaei. adv. Hebraice.*
Hessen. *Hassia (terra Chattorum).* B. *Hassi.*
Holland. *Hollandia, terra Batavorum.* B. *Batāvi. adv. Batavice.*
Holstein. *Holsatia.* B. *Holsāti.*
Irland. *Hibernia.* B. *Hiberni.*
Jütland. *Iutia.* B. *Iutici.*
Kanarische Inseln. *Insulae Fortunatae.*
Kärnten. *Carinthia.* B. *Carinthi.*
Krain. *Carniŏla (Carnia).*
Krim. *Chersonēsus Taurica.*
Lappland. *Lapponia.* B. *Lappones.*
Lausitz. *Lusatia (superior* und *inferior).* B. *Lusāti. adv. Lusatice.*
Levante. *Oriens (Orientis solis partes).*
Livland. *Livonia.* B. *Livonici.*
Litauen. *Lituania. adv. Lituanice.*
Lombardei. *Longobardia.* B. *-bardi.*
Lothringen. *Lotharingia.*
Mähren. *Moravia.* B. *Morăvi.*

Mark Brandenburg. *Marchia.* B. *Marchici.*
Mecklenburg. *res publica Megalopolitana.*
Nassau. *Nassovia.*
Nordamerika. *America Septentrionalis.*
Norwegen. *Norvegia.*
Österreich. *Austria.* B. *Austriaci.*
Ostfriesland. *Frisia orientalis.*
Pfalz. *Palatinatus, ūs.* (Oberpfalz *Pal. superior).*
Polen. *Polonia.* B. *Polōni.*
Pommern. *Pomerania.* B. *Pomerani.*
Portugal. *Lusitania.* B. *Lusitani. adv. Lusitanice.*
Preußen. *Borussia.* B. *Borussi.* Auch *Prussia.* B. *Prussi.*
Rheinländer. (B.) *Rhenani.*
Rügen. *Rugia.*
Rumänien. *Rumania.* B. *Rumani.*
Rußland. *Russia.* B. *Russi. adv. Russice.*
Sachsen. *Saxonia.* B. *Saxŏnes adv. Saxonice.*
Savoyen. *Sabaudia.* B. *Sabaudi. adv. Sabaudice.*
Schlesien. *Silesia.*
Schleswig. *res publica Slesvicensis.* B. *Slesvicenses.*

Schottland. *Scotia.* B. *Scoti.*
Schwaben. *Suebia.* B. *Suebi.*
Schweden. *Suetia.* B. *Sueti.* adv. *Suetice.*
Schweiz. *Helvetia.* B. *Helvētii.*
Serbien. *Serbia.*
Siebenbürgen. *Transsilvania.* B. *Transsilvani* (NB.: nicht -*sylv-!*).
Spanien. *Hispania.* B. *Hispāni.* adv. *Hispanice.*
Steiermark. *Stiria.* B. *Stirienses.*
Thüringen. *Thuringia.* B. *Thuringi.*
Tirol. *Tirōlis.* B. *Tirolenses.*
Türkei. *Turcia.* B. *Turci.* adv. *Turcice.*
Ungarn. *Hungaria.* B. *Hungări.* adv. *Hungarice.*

Veltlin. *Vallis Tellina.*
Vogtland. *Vocatorum terra. Variscia.* B. *Varisci.* adv. *Varisce.*
Wales. *Vallia. Cambria.*
Wallis. *Vallesia.*
Die Wendei. *Venĕdi.* Ein Wende *homo Venĕdus.*
Westfalen. *Vestfalia.* B. *Vestfali.*
Westindien. *India occidentalis.*
Insel Wight. *Vectis, f.*
Württemberg, *res publica Virtembergica.*
Zante. *Zacynthus, f.*
Zigeuner. *Zingări.*
Kanton Zürich. *pagus Tigurinus.*

b) STÄDTE

Aachen. *Aquisgranum.* Zu Aachen gehörig. *Aquisgranensis.*
Aarau. *Argovia.*
Aix. *Aquae Sextiae.*
Aleppo. *Beroea.* B. *Beroeenses.*

Altona. *Altenavia (Altonavia).*
Amiens. *Ambianum.* B. *Ambiani* (im Alt. *Samarobrīva*).
Amsterdam. *Amstelodamum.* B. *Amstelodamenses.*

Andernach. *Andernācum, Antonacense castrum.*
Ansbach. *Onoldia, Onolsbācum.* B. *Onoldini.*
Antwerpen. *Antverpia.*
Appenzell. *Abbatiscella.*
Arles. *Arelate.*
Aschaffenburg. *Schafnaburgum.*
Aschersleben. *Ascania.*
Augsburg. *Augusta Vindelĭcorum.* B. *Augustani in Vindelicis.*
Baden. – in der Schweiz *Aquae Helvetiae,* – in Österreich *Aquae Austriăcae.*
Baden-Baden. *Balneae Antonii et Adriani. Aquae Suebicae.*
Barcelona. *Barcĭno.* B. *Barcinonenses.*
Basel. *Basilia.* B. *Basilienses.*
Bautzen. *Budissa.*
Belgrad. *Belgradum* oder *Alba Graeca.*
Bergzabern. *Tabernae montanae.*
Berlin. *Berolinum.*
Bern. *Berna. Bernum.*
Bischofsweiler. *Episcopi Villa.*
Bologna. *Bononia.*
Bonn. *Bonna.*

Boulogne. *Bononia Gallica.*
Bordeaux. *Burdigăla.* B. *Burdigalenses.*
Bregenz. *Brigantium.*
Bremen. *Brema.* B. *Bremenses.*
Brescia. *Brixia.*
Brindisi. *Brundisium.*
Brixen (Tirol). *Brixia. Brixnia Norica.*
Brügge. *Brugae.*
Brüssel. *Bruxellae.* B. *Bruxellenses.*
Cadix. *Gades, ium, f.* B. *Gaditani.*
Calais. *Calētum.* B. *Caletani.*
Cambridge. *Cantabrigia.* B. *Cantabrigienses.*
Chalons (sur Marne). *Catalaunum.*
Chemnitz. *Chemnitium.*
Chur (Schweiz). *Curia Raetorum.*
Cordova. *Cordŭba.*
Danzig. *Gedănum. Dantiscum.* B. *Dantiscani.*
Darmstadt. *Darmstadium.*
Diedenhofen. *Theodonis villa.*
Dortmund. *Tremonia.*
Dover. *Dubris, f.*
Dresden. *Dresda.*

Düsseldorf. *Dusseldorpium.*
Eger. *Egra.*
Eisenach. *Isenācum.*
Eisleben. *Islebia.*
Erfurt. *Erfordia.* B. *Erfordienses.*
Essen. *Essendia.*
Florenz. *Florentia.* B. *Florentini.*
Frankfurt. *Francofurtum,* am Main *ad Moenum,* an der Oder *ad Oderam.* B. *Francofurtani.*
Freiberg. *Friberga.*
Freiburg. *Friburgum.*
Freising. *Frisinga.*
Fulda. *Fulda.*
Genf. *Genăva, Genĕva.* B. *Genavenses.*
Glarus. *Glarōna.*
Glogau. *Glogovia.*
Gmünd. Gamundia.
St. Goar. *Cella sancti Goăris.*
Görlitz. *Gorlicium.* B. *Gorlicenses.*
Göttingen. *Gottinga.*
Gotha. *Gotha.* B. *Gothani.*
Greifswald. *Gryphisvalda.*
Haag. *Haga Comitum.*
Halle. *Hala Saxŏnum* zum Unterschied von *Hala Suebica,* Schwäbisch Hall.
Hamburg. *Hammaburgum.*

Hameln. *Hamēla.*
Hanau. *Hanovia.*
Hannover. *Hannovera.* B. *Hannoverani.*
Heidelberg. *Heidelberga.*
Hermannstadt (Siebenbürgen). *Hermanni villa. Hermannopŏlis. Cibinium.*
Hof (im Vogtl.). *Curia Variscorum.*
Jaffa. *Ioppe.*
Jerusalem. *Hierosolўma, orum, n.*
Innsbruck. *Aenipons (Aenipontum). Insbrucha.*
Johanngeorgenstadt. *Iohannis Georgii oppidum.*
Karlsbad. *Thermae Carolinae.*
Kassel. *Cassŭla. Cassellae (Cassella).* B. *Cassellāni.*
Kempten. *Cambodūnum.*
Kiel. *Kilonium. Kilia.*
Koblenz. *Confluentia, f.*
Köln. *Colonia Agrippina.* B. *Agrippinenses, Colonienses.*
Königsberg i. Pr. *Regiomont(i)um. Mons Regius.*
Königgrätz. *Regino-Gradecium.*
Kopenhagen. *Haunia.*
Krakau. *Cracovia.*

Kreuznach. *Cruciniācum Crucenācum).*
Kronstadt. *Corona. Brassovia.*
Leiden. *Lugdunum Batavorum.*
Leipzig. *Lipsia.* B. *Lipsienses.* adv. *Lipsiace.*
Lemberg. *Leopŏlis.*
Leyden. *Lugdunum Batavorum (Leyda).*
Liegnitz. *Lignicium.* B. *Lignicenses.*
Linz. *Lentia. Lintia.*
Lippspringe. *Lippiae fontes.*
Lissabon. *Lisbōna. Olisīpo (Olisippo), onis, f.*
London. *Londinium.*
Lorch. *Laureacum.*
Löwen. *Lovanium.*
Lüttich. *Leodium (Legia).*
Luxemburg. *Luciburgum. Luxemburgum.*
Luzern. *Lucerna.*
Lyon. *Lugdunum* (vgl. Leyden).
Madrid. *Madrītum (Matritum).*
Magdeburg. *Magdeburgum. Parthenopŏlis. Virginis Civitas.*
Mailand. *Mediolanum.*
Mainz. *Maguntia. Mogontiācum.* B. *Mogontiacensis.*

Mannheim. *Manhemium.*
Marburg. *Marburgum.*
Marseille. *Massilia, ae, f.*
Meißen. *Misĕna,* das Meißner Land. *Misnia.*
Messina. *Messāna.*
Metz. *Divodurum. Mettis f.*
Modena. *Mutĭna.*
Moskau. *Moscovia.*
Mühlhausen. *Mulhusia.*
München. *Monachium (Monăcum).*
Münster. *Monasterium.*
Naumburg. *Naumburgum. Numburgum. Novum Castrum.*
Nimwegen. *Noviomăgus.*
Nördlingen. *Nordlinga.*
Nizza. *Nicaea.*
Nürnberg. *Norimberga.*
Ofen. *Būda.*
Olmütz. *Olomucium.*
Orleans. *Aurelianum (Cenăbum).*
Osnabrück. *Osnabrūga.*
Oxford. *Oxonia.*
Paderborn. *Patrisbrunna. Paderborna (Fontes Pădērae).*
Padua. *Patavium.*
Palermo. *Panormus.*
Paris. *Parisii. Lutetia (Parisiorum).*

Passau. *Passavia.*
Pest. *Pestum. Pestīnum.*
Petersburg. *Petropolis.*
Plauen. *Plavia.*
Porto Cale.
Posen. *Posna. Posnania.*
Potsdam. *Postampium (Potestampium).*
Prag. *Praga.*
Prenzlau. *Premislavia.*
Preßburg. *Posōnium.*
Pyrmont. *Pyrmontium.*
Quedlinburg, *Quedlinburgum.*
Regensburg. *Regĭna castra. Ratisbōna.*
Reggio. *Rhegium.*
Rheims. *Remi.*
Rimimi. *Arīmĭnum.*
Rinteln. *Rintelia (Rintelium)*
Rostock. *Rostochium. Rhodopŏlis.*
Rothenburg. *Erythropŏlis.*
Saarbrücken. *Saropons, tis, m.*
Salzburg. *Iuvavum. Salisburgum.*
Schleswig. *Slesvīcum.*
Schmalkalden. *Smalcaldia.*
Schulpforta. *Schola Portensis.*
Schwerin. *Suerīnum.*
Schwyz. *Suiza. Swicia.*
Soest. *Sosatium. Susātum.*

Sorau. *Soravia.*
Spandau. *Spandavia.*
Speyer. *Spira* oder *Augusta Nemētum.*
Stettin. *Stetīna. Sedīnum.*
Stockholm. *Holmia.*
Stralsund. *Stralesunda.*
Straßburg. *Argentoratum. Argentina.*
Strelitz. *Strelicium.*
Stuttgart. *Stutgardia.*
Teplitz. *Teplicium. Tēplĭca.*
Thorn. *Thorūnum (-ium)*
Tirol (Schloß). *Teriŏlis, f.*
Tivoli. *Tibur, ŭris, n.*
Tokaj. *Tocaeum.*
Toul. *Tullum.*
Toulon. *Telo Martius (Tullonum, Tolōna).*
Toulouse. *Tolōsa.*
Trier. *Treviri. Augusta Trevirorum* (s. u.).
Triest. *Tergeste, is, n.*
Tübingen. *Tubinga.*
Turin. *Augusta Taurinorum.*
Ulm. *Ulma.*
Utrecht. *Ultraiectum. Traiectum ad Rhenum.*
Venedig. *Venetiae.* B. *Venĕti.*
Versailles. *Versaliae, -arum, f.*
Warschau. *Varsavia.*

Weimar. *Vimaria.*
Weißenfels, *Leucopĕtra.*
Wesel. *Vēsălia.*
Wien. *Vindobŏna.* B. *Vindobonenses.*
Wittenberg. *Vittenberga (Viteberga, Leucorēa).*
Wolfenbüttel. *Guelpherbȳtum. Velferbȳtum.*

Worms. *Vormatia, ae.*
Würzburg. *Virceburgum. Herbipŏlis.*
Xanten. *Xantum.*
Zabern. *Tabernae Alsaticae.*
Zürich. *Turīcum.*
Zweibrücken. *Bipontum.*
Zwickau. *Cygnēa. Zuicavia.*

Anmerk.: Nach Kaiser Augustus benannte Städte (deren heutige Namen z. T. noch an den seinen erinnern): *Augusta* in Aquitanien, heute *A u c h. Augusta, -um* im Gebiete der Allobroger, h. *A o s t e. Augusta Emerita* in Spanien, h. *M e r i d a (Augusta Nemetum,* Speyer, nicht antik). *Augusta Praetoria* oder *A. Salassiorum* in Oberitalien, h. *A o s t a. Augusta Rauracorum* trägt heute wieder seinen vorrömischen Namen *Bazela:* Basel; aber der Name *Augusta R.* lebt in dem des Dorfs A u g s t bei Basel weiter. *Augusta Suessionum,* h. *S o i s s o n s. Augusta Taurinorum,* h. *T o r i n o,* Turin. *Augusta Trevirorum,* h. Trier (frz. *T r è v e s). Augusta (Tricastinorum),* in *Gallia Narbonensis,* h. *A o u s t e - e n - D i o i s. Augusta Vindelicorum,* h. A u g s b u r g. – *Caesarea Augusta,* h. S a r a g o s s a.

c) GEWÄSSER

Aar. Arŏla.
Adriatisches Meer. *Mare Hadriaticum.*
Atlantisches Meer. *Oceănus Atlanticus.*
Belt. *fretum Balticum (maius* und *minus).*

Bodensee. *lacus Brigantīnus.*
Comer See. *lacus Larius.*
Dniepr. *Borysthĕnes, m.*
Dniestr. *Tyras, -ac, m.*
Don. *Tanais, m.*
Donau. *Danuvius. Hister* (im Unterlauf).

Drau. *Drāvus.*
Ebro. *Hibērus.*
Eder (Hessen). *Adrăna.*
Elbe. *Albis, m.*
Ems. *Amisia, m.*
Etsch. *Athĕsis, m.*
Frisches Haff, *sinus Venĕdicus.*
Frische Nehrung. *paeninsula Venedica.*
Gardasee. *lacus Benācus.*
Genfer See, *lacus Lemānus.*
Inn. *Aenus.*
Isar (Bayern), Isère (Frankr.). *Isăra, m.*
Kaspisches Meer. *mare Caspium.*
Kurisches Haff. *lacus Curonensis.*
Kurische Nehrung. *paeninsula Curonensis.*
Lago maggiore. *Verbānus lacus.*
Lahn. *Lăgāna.*
Lech. *Licus.*
Lippe. *Lŭpia, m.*

Loire, *Lĭger, Ligĕris, m.*
Main. *Moenus.*
Mosel. *Mosella, m.* und *f.*
Nahe. *Nāva. Naha.*
Neckar. *Nĭcer, cri.*
Nordsee. *mare Germanicum.*
Oder. *Odĕra, f.; Viadrus, m.*
Ostsee. *mare Balticum.*
Pegnitz. *Pegnēsus. Pagantia.*
Pleiße. *Plissa.*
Regen. *Regănum (Regĭnus).*
Regnitz. *Regnēsus.*
Rhein, Reno (Apennin). *Rhenus.*
Saale. *Sāla, m. (ὁ Σάλας,* Strab.).
Sau. *Sāvus.*
Seine. *Sequăna, m.*
Spree. *Spreva. Sprevia.*
Tajo. *Tăgus.*
Tauber. *Tubĕra.*
Themse. *Tamĕsis, m.*
Unstrut. *Onestrudis.*
Weichsel. *Vistŭla, m.*
Werra. *Visŭra (Vierra).*
Weser. *Visurgis, m.*

d) GEBIRGE

Ardennen. *Arduenna.*
Arlberg. *Adūlās, -ae, m.*
Balkan. *Haemus.*

Brocken. *mons Bructĕrus (Melibŏcus).*
Eifel. *Eiflia.*

Erzgebirge. *montes (Saxoniae) Metallifĕri.*
Fichtelberg. *mons Pinĭfer.*
Fichtelgebirge. *montes Pinifĕri.*
Harz. *silva Hercynia* oder *saltus Hercynius.*
Karpathen. *Carpātes, -ae, m. (Montes Sarmatici).*

Pyrenäen. *montes Pyrenaei.*
Riesengebirge. *montes Sudēti.*
Schwarzwald. *Nigra silva (Abnŏba, m).*
Thüringer Wald. *silva Thuringica.*

Sprichwörtliches[1])

Er kommt vom Hundertsten ins Tausendste.
dicenda tacenda loquitur (Hor. ep. 1, 7, 72).

Gute Miene zum bösen Spiel machen.
vultu ridere invito (Hor. c. 3, 11, 22).

Zwei Fliegen mit einer Klappe schlagen.
uno in saltu duos apros capere (Plaut. Cas. 476). duo parietes de eadem fidelia dealbare (Cic. fam. 7, 29, 2) (fidelia Kalktopf).

Das war ein gefundenes Fressen für ihn.
hic sibi hereditatem venisse arbitratus est (Cic. Verr. 4, 62).

Aus einer Mücke einen Elefanten machen.
arcem ex cloaca facere (Cic. Planc. 95).

Die Flinte ins Korn werfen.
hastas abicere (Cic. Mur. 45).

Jemanden wie ein rohes Ei behandeln.
molli bracchio tractare (nach *Cic. Att. 2, 1, 6).*

---

[1]) In diesem Abschnitte habe ich nach Möglichkeit die Quellennachweise beigefügt, soweit es sich um Stellen aus antiken Autoren handelte (Anm. d. Herausg.).

Gegen den Strom schwimmen.	*contra torrentem bracchia dirigere (Iuv. 4, 89).*
Es ist noch nicht aller Tage Abend.	*nondum omnium dierum sol occidit (Liv. 39, 26, 9).*
Da stehen die Ochsen am Berge!	*aqua haeret! (Cic. off. 3, 117).*
Er hat einen Sparren zu viel. (Er hat einen Vogel.)	*ellebŏro indĭget* (er bedarf der Nieswurz).
Wir können nicht alle das Höchste erreichen.	*non cuivis homini contingit adire Corinthum (Hor. ep. 1, 17, 36).*
	(οὐ παντὸς ἀνδρὸς εἰς Κόρινθον ἐσθ' ὁ πλοῦς).
Probieren geht über Studieren (Übung macht den Meister).	*Usus est magister optimus.*
Er redet ins Blaue hinein.	*garrit, quidquid in buccam venit (Cic. Att. 1, 12, 4; 12, 1, 2).*
Ergriffen sein macht beredt.	*pectus est, quod disertos facit (Quint. inst. 10, 7, 15).*
Im Wein ist Wahrheit.	*in vino veritas* (nach Alkaios fr. 57 Bergk).
Da kannst du dein blaues Wunder erleben.	*camelum videbis saltantem.*
Er weiß so gut wie nichts.	*nec natare nec litteras novit.*
	(οὔτε νεῖν οὔτε γράμματα).
Ich will dir den Text lesen.	*tuis te pingam coloribus.*
Da ist einer so schlimm wie der andere.	*eandem cantilenam canunt* oder *ab uno disce omnes!* (nach *Verg. Aen.* 2, 65 f.).
Wie der Hirt, so die Herde.	*qualis rex, talis grex* (mittelalterl. nach *Petron.* 58).

Sprichwörtliches

Viele Hunde sind des Hasen Tod.	cedendum multitudini.
Wie die Arbeit, so der Lohn.	par praemium labōri.
Ich bin bei ihm ins Fettnäpfchen (ihm auf die Hühneraugen) getreten.	offensam eius contraxi (Suet. Vesp. 4,4).
Er will kein hartes Holz bohren. Er bohrt das Brett, wo es am dünnsten ist.	multi laboris non est plerumque.
Kümmere dich nicht um Dinge, die dich nichts angehen!	tuam ipse terram calca.
Es ist nicht jedem gegeben.	non e quovis ligno fit Mercurius (Apul. mag. p. 302).
Aus einer Kleinigkeit schon erkennt man den Meister.	ex ungue leonem (nach Plutarch von Alkaios).
Die Zeit bringt Rosen.	omnia fert tempus.
Kommt Zeit, kommt Rat.	
Die Sache eilt!	periculum in mŏra (nach Liv. 38, 25, 13).
Die Mittelstraß' allzeit die beste was.	medio tutissimus ibis (Ov. met. 2, 137).
Aus Kindern werden Leute.	ex nuce fit cŏrўlus (Haselstrauch).
Alles Neue hat besonderen Reiz.	novitas gratissima rerum.
Allzeit voll macht endlich toll.	satietas parit ferociam.
Wehre den Anfängen!	principiis obsta (Ov. remed. amor. 91).
Nach dem Essen sollst du stehn oder tausend Schritte gehn.	post cenam stabis vel passus mille meabis (Hexameter).

Um wohl zu ruhen, iß wenig zu Abend.	*ut sis nocte levis, sit tibi cena brevis* (nach Jes. Sir. 31, 23 f.).
Hunger ist der beste Koch.	*cibi condimentum fames* (Sokrates bei *Cic. fin. 2, 90*).
Wer leit (= liegt), der leit; wer reit, der reit.	*pauper ubique iacet (Ov. f. 1, 218), dives ubique placet.*
Gar zu gemein bringt Verachtung ein.	*nimia familiaritas parit contemptum.*
Da will ein Dummer einen Klugen belehren! (Das Ei will klüger sein als die Henne.)	*sus Minervam (sc. docet)! (Cic. Ac. post. 1, 18).*
Eine Hand wäscht die andere.	*manus manum lavat.* (χεὶρ χεῖρα νίπτει, *Menand. monost. 543*).
Ich gebe, damit du gibst.	*do, ut des.* (Hugo Grotius 1625, Bismarck 1878)
Kraftvoll in der Sache, aber freundlich in der Form.	*fortiter in re, suaviter in modo.*
(Mag er) meinetwegen (seines Erfolges sich freuen).	*habeat sibi* (nach 1. Mos. 38, 23; vgl. *Suet. Div. Iul. 1, 3*).

Sprichwörtliches

Not lehrt beten.	*afflictatio facit religiosos.*
Der herrschenden Sitte muß man sich fügen.	*mos tyrannus* (vgl. *Plat. Prot. 337 d, Hor. a. p. 71 f.*)
Man soll den Tag nicht vor dem Abend loben.	*quid vesper ferat (vehat), incertum est (Liv. XLV, 8, 7).*
Jeder Mensch hat seine schwache Seite; ich auch (Menschliches, Allzumenschliches).	*homó sum; humáni nil a me áliénum puto (Ter. Heaut. 77).*
Du predigst tauben Ohren!	*surdo (surdis) narras fabulam! (Ter. Heaut. 222 und sonst oft).*
Nach getaner Arbeit ist gut ruhn.	*iucundi acti labores (Cic. fin. 2, 105).*
In Gegenwart des Arztes schadet nichts.	*praesente medico nihil nocet.*
Wer wagt, gewinnt!	*fortes fortuna! (sc. adiuvat; Ter. Phorm. 203 und oft).*
Vom allererstenn Anfang an (erzählen, berichten u. dgl.).	*ab ovo.* (Nämlich vom Ei der Leda an als dem Uranfang des troianischen Krieges; *Hor. ars p. 147*).
Da kommt er, von dem wir eben sprachen!	*lŭpus in fabula! (Ter. Ad. 537).*
Den Bock zum Gärtner machen.	*ovem lŭpo committere (Ter. Eun. 832).*
Darüber streiten sich die Weisen.	*adhuc sub iudice lis est (Hor. ars p. 78).*
Der Würfel ist (sei) gefallen!	*iacta alea est (esto)! (Suet. div. Iul. 32).* (ἀνεϱϱίφϑω κύβος *Plut. Pomp. 60*).

Die goldene Mitte.	*aurea mediocritas (Hor. c. 2, 10, 5).*
In großen Dingen genügt auch das bloße Wollen.	*in magnis et voluisse sat est (Prop. III, 1, 6).*
Entweder alles oder gar nichts.	*aut Caesar aut nihil* (Devise Cesare Borgias um 1500).
Verleumde nur keck darauf los; es bleibt immer etwas hängen!	*calumniare audacter; semper aliquid haeret!*
Das machen Sie einem andern weis!	*credat Iudaeus Apella! (Hor. sat. 1, 5, 100).*
Das ist wahrlich zum Lachen!	*risum teneatis, amici? (Hor. a. p. 5).*
Hier kann man sich in der Tat des Spottes kaum enthalten.	*difficile est satiram non scribere! (Iuv. I, 1, 30).*
Die verfluchte Gier nach Gold.	*auri sacra fames (Verg. Aen. 3, 57).*
Ich habe wenigstens meinem Herzen Luft gemacht und mein Gewissen beruhigt.	*dixi et salvavi animam meam* (nach Hesekiel 3, 19).
Tiefes Schweigen –! (Schweigen im Walde.)	*altum silentium –!* (s. *Verg. Aen. 10, 63).*
Fort ist er! Auf und davon!	*abiit, excessit, evasit, erupit! (Cic. Cat. II. init.).*
Auf St. Nimmer(mehr)s Tag.	*ad kalendas Graecas. (Suet. Aug. 87).*
Wenn zwei dasselbe tun, so ist es darum nicht bei beiden gleich zu beurteilen.	*duo cum faciunt idem, non est idem* (nach *Ter. Ad. 823).*
Ja, wenn Sie mir dies sagen könnten!	*(hoc mihi si dixeris,) eris mihi magnus Apollo! (Verg. ecl. 3, 104).*

Irren ist menschlich!	*errare humanum est (Ter. adelph. 471, Cic. Verr. 5, 117).*
Bei aller Verehrung für den Mann muß ich doch der Wahrheit die Ehre geben.	*amicus Socrates, sed magis amica veritas* (nach *Platon, Phaidon 91 C).*
Ich bescheide mich (dem Überlegenen gegenüber).	*cēdo maiori (Mart. epigr. 1, 31).*
Man lernt nie aus.	*dies diem docet* (nach *Publil. Syrus Spr. 123).*
Durch Lehren lernen wir.	*docendo discimus.*
Glaube mir! Ich habe meine Erfahrungen damit gemacht!	*experto crede Ruperto!* (Antonius de Avena † 1544).
Durch Schaden wird man klug.	*Expertus metuit (Hor. ep. I 18, 87).*
Man muß immer wieder damit kommen, um etwas zu erreichen. (Steter Tropfen höhlt den Stein.)	*gutta cavat lapidem (Ovid. ex Ponto 4, 10, 5).*
Jetzt kommt es darauf an; jetzt zeigen Sie einmal, was Sie können!	*hic Rhodus, hic salta!* (nach *Aesop. fab. 203).*
Also d i e s ist der Grund (seines Redens, Klagens usw.)? Da liegt der Hase im Pfeffer!	*hinc illae lacrimae! (Ter. Andr. 126).*
Es sind wohl beide Teile daran schuld.	*Iliacos intra muros peccatur et extra (Hor. ep. 1, 2, 16).*
Viel (eifrig), aber nicht vielerlei (und dies nachlässig).	*multum (legendum esse), non multa (Plin. ep. 7, 9, 15).*

Die Welt will betrogen sein; betrügen wir sie also!	*mundus vult decipi* (dafür scherzhaft: *mumpitzi*), *ergo decipiatur (mumpitziatur)* (schon bei Luther, Werke 29, 140 zitiert).
Nicht genau wörtlich, d. h. richtig verstanden (mit einem Körnchen Salz).	*cum grano salis* (nach *Plin. n. h. 23, 8, 149*).
Von natürlichen Dingen zu sprechen ist nicht unsittlich.	*naturalia non sunt turpia.*
Alles mit Maß!	*ne quid nimis! (Ter. Andr. 61).*
Schuster, bleib bei deinen Leisten!	*ne sutor supra crepĭdam* (*crepida* Halbschuh)! *(Plin. n. h. 35, 85, Val. Max. 8, 12).*
Nicht für die Schule, sondern für das Leben lernen wir.	*non scholae, sed vitae discimus.* (Umgekehrt *Sen. ep. 106 a. E.!*).

Philosophische und juristische Sätze

Gut lehrt, wer gut einteilt.	*bene docet, qui bene distinguit.*
Ich denke, darum bin ich.	*cogito, ergo sum (Cartesius).*
Wer Grundwahrheiten nicht anerkennt, mit dem ist nicht zu streiten.	*contra principia negantem non est disputandum.*
Fällt die Ursache weg, so entfällt auch die Wirkung.	*cessante causa cessat effectus.*

Die Natur zeigt sich in den kleinsten Dingen am größten.	*natura in minimis maxima.*
Einen absolut leeren Raum gibt es nicht.	*non datur vacuum.*
Die Natur macht keine Sprünge.	*natura non facit saltus (Linné).*
Keine Regel ohne Ausnahme.	*nulla regula sine exceptione.*
Alles Lebende ist aus dem Ei entstanden.	*omne vivum ex ovo.*
Wer zuviel beweist, beweist gar nichts.	*qui nimium probat, nihil probat.*
Aus nichts wird nichts.	*de nihilo nihil fit (Epicurus, Epist. 1,38: οὐδὲν γίγνεται ἐκ τοῦ μὴ ὄντος. Lucret, 1,150).*
(Der Grundsatz der Heilkunst seit Hippokrates:)	*contraria contrariis (sc. curantur).*
(Der Grundsatz der Homöopathie:)	*similia similibus.*
Unkenntnis des Gesetzes schützt nicht (erg. vor Strafe).	*ignorantia legis nocet.*
Wenn zwei sich streiten, so hat der Dritte den Vorteil davon.	*duobus litigantibus tertius gaudet.*
Niemand darf in eigener Sache Richter sein.	*ne quis iudex in propria causa!*
Zu einem Kollegium gehören mindestens drei (Drei machen einen Verein.)	*tres faciunt collegium (Dig. L, 16, 85).*
Was nicht in den Akten steht, existiert überhaupt nicht.	*quod non est in actis, non est in mundo.*

Derjenige ist der Täter, der den Vorteil davon hat.	is fecit, cui prodest.
Wem zum Vorteil?	cui bono? (Cicero p. Mil. 12, 32).
Sage mir, mit wem du umgehst, und ich will dir sagen, wer du bist.	noscitur ex sociis, qui non cognoscitur ex se (Hex.).
Viele sind berufen, aber wenige sind auserwählt.	non omnes, qui habent citharam, sunt citharoedi (Varro r. r. 2, 1, 3; nach πολλοί τοι ναρθηκοφόροι, παῦροι δέ τε βάκχοι, Paroemiogr. Gr. I 151, vgl. Platon, Phaidon 69 C).
Hättest du doch geschwiegen! Es wäre für dein Ansehen besser gewesen!	o si tacuisses, philosophus mansisses! (nach Boeth. cons. phil. 2, 7).
Die Frau schweige in der Gemeinde.	taceat mulier in ecclesia (1. Kor. 14, 43).
Viel Lärm um nichts!	parturiunt montes, nascetur ridiculus mus (Hor. ars p. 139).
Auch ein guter Schütze schießt manchmal daneben.	quandōque bonus dormītat Homerus (Hor. ars p. 359).
Auch Homer hat bisweilen geschlafen.	dormitat interdum Homerus (Hor. epist. II 3, 359).
Wart', ich will Euch –!	quos ego! (Verg. Aen. 1, 135).
Viele Köpfe, viele Sinne.	quot homines, tot sententiae (Ter. Phorm. 454; cf. Hor. sat. 2, 1, 27).
In notwendigen Dingen Einheitlichkeit, in zweifelhaf-	in necessariis unitas, in dubiis libertas, in omnibus cari-

ten Freiheit, in allen die Liebe.	*tas* (angeblich von dem hl. Augustin).
Die Liebe besiegt alles.	*Omnia vincit amor (Verg. ecl. 10,69).*
Hört denn die Sache immer noch nicht auf?	*quousque tandem? (Cir. Cat. I. init. Sall. Cat. 20,9. Liv. 6,18,5).*
Ohne alle Voreingenommenheit.	*sine ira et studio (Tac. ann. 1,1).*
Die Zeiten ändern sich und wir mit ihnen.	*tempora mutantur, nos et* (so! nicht: *et nos) mutamur in illis* (soll von Kaiser Lothar I. stammen).
Abwechselung muß sein.	*variatio delectat (Cic. de nat. deor. I,4,21).*
Leben heißt ein Kämpfer sein.	*vivere militare est (Sen. ep. 96,5).*
Lassen wir's nun genug sein!	*manum de tabula! (Plin. n. h. 35,80).*
So, jetzt ist's genug.	*sat prata biberunt (Verg. ecl. 3,111).*
Wer Verstand hat, weiß nun, woran er ist.	*sapienti sat (Plaut. Pers. 729. Ter. Phorm. 541).*
Wage es, weise zu sein.	*sapere aude (Hor. epist. I 2,40).*
Jeder muß so lange für gut gelten, bis das Gegenteil nachgewiesen ist.	*quisque praesumitur bonus, donec probetur contrarium.*
Not kennt kein Gebot.	*necessitas caret lege.*
Wer einwilligt, darf sich nicht beklagen.	*volenti non fit iniuria.*
Ein Zeuge ist kein Zeuge.	*unus testis nullus testis.*

Eines Mannes Rede keines Mannes Rede.	audiatur et altera pars (Seneca, medit. 199).
Wer schweigt, von dem nimmt man an, daß er einwilligt.	qui tacet, consentire videtur (Decret. V 12,43).
(Nicht wer bestreitet, sondern) wer behauptet, hat den Beweis zu führen.	affirmanti occumbit comprobatio.
Im Zweifelsfalle muß zugunsten des Angeklagten entschieden werden.	in dubio pro reo.
Im Zweifelsfalle muß man sich für das Mildere entscheiden.	in dubio mitius.
Wenn man das Recht auf die Spitze treibt, wird es zu schreiendem Unrecht.	summum ius summa iniuria. (Cic. off. 1, 10, 33).
Eine und dieselbe Sache darf man nicht zweimal bestrafen wollen.	ne bĭs in idem (Demosth. Lept. 147).
Mißbrauch hebt den rechten Brauch nicht auf.	abusus non tollit usum.
Wer im Besitze (der Sache) ist, der ist im Vorteil.	beati possidentes. (οἱ δ' ἔχοντες ὄλβιοι Eur. frg. 326).
Wohltaten werden niemandem aufgezwungen.	beneficia non obtruduntur.
Wo das Können aufhört, da hört die Verpflichtung auf.	ultra posse nemo obligatur (Digest. L 17, 84).
Jedem das Seine!	suum cuique! (Cic. off. 1, 5, 15 u. öfter).
Das Gemeinwohl ist (sei) das oberste Gesetz.	salus publica suprema lex (esto) (nach Cic. de leg. 3, 3, 8).

Einige berühmte Stellen und Verse

Der dem Krösus erteilte Orakelspruch:
Croesus Halym penetrans magnam pervertet opum vim.
(Κροῖσος Ἅλυν διαβὰς μεγαλὴν ἀρχὴν διαλύσει).

VERGIL ÜBER GRIECHENTUM UND RÖMERTUM:

Excudent alii spirantia mollius aera,
Cedo equidem, vivos ducent de marmore vultus;
Orabunt causas melius caelique meatus
Describent radio et surgentia sidera dicent.
Tu regere imperio populos, Romane, memento –
Hae tibi erunt artes, – pacique imponere morem,
Parcere subiectis et debellare superbos. (*Aeneis VI, 847.*)

TACITUS ÜBER GERMANEN UND RÖMERTUM:

Maneat quaeso duretque gentibus, si non amor nostri, at certe odium sui, quando urgentibus imperii fatis nihil iam praestare fortuna maius potest quam hostium discordiam. (*Germ. 33.*)

DES SIMONIDES GRABSCHRIFT
FÜR DIE BEI THERMOPYLAI
GEFALLENEN SPARTANER
IN DER ÜBERSETZUNG CICEROS:

Dic, hospes, Spartae nos te hic vidisse iacentes,
Dum sanctis patriae legibus obsequimur.
(Tusc. 1,42,10)

VERGILS GRABSCHRIFT:

Mantua me genuit, Calabri rapuere, tenet nunc
Parthenope; cecini pascua, rura, duces.

(Vergil war bei Mantua geboren, starb zu Brundisium in Calabrien und ward bei Neapel, das auch Parthenope hieß, in *via Puteolana* begraben. Er dichtete Bucolica, Georgica und die Aeneis. Diese Grabschrift soll er sich kurz vor seinem Tode selbst verfaßt haben.)

DER DEM PYRRHUS ERTEILTE
ZWEIDEUTIGE ORAKELSPRUCH:

Aio te, Aeacida, Romanos vincere posse.

ÖSTERREICHISCHE POLITIK:

Bella gerant alii, tu, felix Austria, nube!
Quae dat Mars aliis, dat tibi regna Venus.

AM GEBURTSHAUSE DES COLUMBUS
BEI GENUA:

Unus erat mundus. Duo sunt, ait ille. Fuere.

SCHILLS GRABSCHRIFT IN STRALSUND:

(Schills Leichnam wurde ohne Kopf bestattet.)
— Magna voluisse magnum. —
Occubuit fato. Iacet ingens litore truncus
Avolsumque caput; tamen haud sine nomine corpus.

Nach Vergils Aen. II, 557, wo der zweite Vers heißt:
Avolsumque umeris caput et sine nomine corpus.

KAISERLICHE WAHLSPRÜCHE:

Rudolf II: *Adsit!* Gott steh' mir bei!

Matthias II: *Amat victoria curam.* Kein Sieg ohne Mühe.

Albrecht II: *Amicus optima vitae possessio.* Ein Freund ist der wertvollste Besitz im Leben.

Leopold I: *Consilio et industria!* Klug und energisch!

Karl VI: *Constantia et fortitudine!* Mit Beharrlichkeit und Kraft!

Otto II: *Cum omnibus pacem, adversus vitia bellum!* Mit allen Friede, den Lastern Krieg!

Karl V: *Da mihi virtutem contra hostes tuos!* Gib mir Tapferkeit gegen deine Feinde!

Franz I: *Deo et populo!* Für Gott und das Volk!

Augustus: *Festina lente!* Eile mit Weile!

Ferdinand I: *Fiat iustitia, pereat mundus!* Das Recht muß seinen Lauf haben, und ginge die Welt darüber zugrunde!

Franz II: *Iustitia regnorum fundamentum!* Gerechtigkeit ist die Grundlage eines Reiches!

Otto III: *Unīta durant!* Vereinte Kraft macht stark!

Franz Josef I: *Viribus unītis!* Mit vereinten Kräften!

Kuriositäten. Hübsche Verse

Palindrom (vorwärts und rückwärts zu lesender Hexameter):
Otto tenet mappam, madidam mappam tenet Otto.
Desgleichen:
Sumitis a vetitis; sitit is, sitit Eva, sitimus.

Adam primus homo crux omni posteritati.
(Die Worte dieses Hexameters geben in umgekehrter Folge einen Pentameter. Die erste Silbe in *Adam* ist doppelzeitig.)

Als Hexameter wie als Pentameter läßt sich lesen:
Quando nigrescit nox, rem latro patrat atrox.

Filia sub tilia nebat subtilia fila.

Sunt pueri pueri, pueri puerilia tractant.

Ein Distichon in 4 Wörtern:
*Perturbabantur Constantinopolitani
Innumerabilibus sollicitudinibus.*

(Angeblicher) Hexameter Alarichs vor den Toren Roms:
Te te|ro, Ro|ma ma|nu nu|da; da|te te|la, la|tete!

Als Schopenhauer die Nachricht vom Tode seiner ehemaligen Haushälterin erhielt, der er wegen Körperverletzung eine lebenslängliche Rente hatte gewähren müssen, schrieb er auf den Briefumschlag:
Obit anus, abit onus.

---

*Amore, more, ore, re
Servantur amicitiae.*

Wegen Tonmalerei berühmte Hexameter:
Laudat alauda Deum, dum sese tollit in altum;
Dum cadit in terram, laudat alauda Deum.
   At tuba terribili sonitu taratantara dixit.
                           (Ennius. Ähnlich Vergil Aen. 9,503.)

Quadrupedante putrem sonitu quatit ungula campum[1].
                           (Verg. Aen. 8,596. cf. 11,875.)
Quamvis sint sub aqua, sub aqua maledicere tentant.
                           (Ov. Met. 6,376.)
Unter dem Wasser versteckt, auch versteckt noch schimpfen sie kecklich.   (Voß).

BRIEFSCHLÜSSE:

Mitto tibi navem prora puppique carentem.
                           (Den Gruß „Ave".)
Mitto tibi metulas; si vis cognoscere, vertas.
(mētulas [Spitzsäulen] ergibt rückwärts gelesen *salutem*.)

RÄTSEL:

O   quid   tua   te
be   bis   bia   abit
   ra   ra   ra
   es   et   in
ram ram ram
   ii.

(O super-be, quid super-bis? tua super-bia te super-abit; ter-ra es et in ter-ram i-bis.)

---

[1] Vergl. aus Lenaus »Postillon:«
   »Und von flinken Rossen vier
   Scholl der Hufe Schlagen.«

MERKVERSE:

Zur Unterscheidung von *simulo* und *dissimulo*:
Quae non sunt, simulo. Quae sunt, ea dissimulantur.

GRABSCHRIFT EINES TRINKERS:

(Trochäisch, im Rhythmus sehr fröhlich.)
Dum vixi, bibi libenter; bibite vos, qui vivitis!
                    (Dessau, Inscript. Lat. selectae 2238.)

ALLES VERLIEBT!

Cras amet, qui numquam amavit, quique amavit, cras amet!
(Der Refrain des *Pervigilium Veneris [Riese, Anthol. Lat. I 1, 170]*. Auch hier malen die Trochäen die Lebensfreude.)

QUINQUE CAUSAE BIBENDI:

Si bene commemini, causae sunt quinque bibendi:
Hospitis adventus, praesens sitis atque futura
Et vini bonitas et quaelibet altera causa.
                    (Menagius [1613–1692].)

DIE GELIEBTE:

Si quis non vidit Venerem, quam pinxit Apelles,
  pupa(m) meam adspiciat; talis et illa nitet.
        (Wandkritzelei eines Verliebten in Pompeii,
        Lommatzsch, Carm. Lat. epigr. 2057.)

DAS LIEBE SCHWABENMÄDEL:

Delicium, blanditiae, ludus, amor, voluptas,
Barbara, sed quae Latias vincis alumna pupas,
Bissula, nomen tenerae rusticulum puellae,
Horridulum non solitis, sed domino venustum.
                    (Ausonius [† etwa 395] p. 116.)

Liebling mein, Schmeichlerin, Liebchen, Lust, Frohlocken,
Fremd und doch Siegerin über die Römertocken!
Bissulas Name klingt Fremden vielleicht abscheulich –
Da so zart ist die Maid; aber dem Herrn erfreulich.

> Übersetzung von Stowasser, Römerlyrik p. 462;
> Tocke, Docke süddeutsch = Puppe.

LEBENSFREUDE:

> *Venari, lavari,*
> *ludere, ridere,*
> *occ (= hoc) est vivere!*

(Auf einer Treppenstufe am Forum in Timgad eingeritzt.)

> *Balnea, vina, Venus corrumpunt corpora nostra.*
> *Sed vitam faciunt balnea, vina, Venus!*
> (Bücheler, Carm. lat. epigr. 1499.)

ABSCHIED VOM LEBEN:

> *Evasi, effugi. Spes et Fortuna, valete!*
> *Nil mihi vobiscumst. Ludificate alios!*

(Auf einem Sarg im Museum des Laterans in Rom, Nr. 895.)

VERSUS RECIPROCI:

Nach der Wahl des Papstes Clemens IV. (1265 bis 1268) gingen folgende Verse um:

> *Laus tua, non tua fraus, virtus, non copia rerum*
> *Scandere te fecit hoc decus eximium.*
> *Pauperibus tua das, numquam stat ianua clausa,*
> *Fundere res quaeris nec tua multiplicas.*
> *Condicio tua sit stabilis! Non tempore parvo*
> *Vivere te faciat hic Deus omnipotens!*

Die Huldigung, die dieses Gedicht enthält, wird in ihr Gegenteil verwandelt, wenn man die Verse, mit entsprechend geänderter Interpunktion, von hinten liest:

Omnipotens Deus hic faciat te vivere parvo
Tempore! Non stabilis sit tua condicio!
Multiplicas tua nec quaeris res fundere; clausa
Ianua stat, numquam das tua pauperibus.
Eximium decus hoc fecit te scandere rerum
copia, non virtus, fraus tua, non tua laus.

Dann ist das Gedicht zugleich ein Denkmal einer ganz fabelhaften Geschicklichkeit im Lateinschreiben.

Ende. *finis.*